COLLECTION DES ANCIENNES DESCRIPTIONS DE PARIS

ANDRÉ THEVET

LA GRANDE
ET EXCELLENTE
CITÉ DE PARIS

INTRODUCTION ET NOTES
PAR
L'ABBÉ VALENTIN DUFOUR

PARIS
A. QUANTIN, IMPRIMEUR-ÉDITEUR
7, RUE SAINT-BENOIT
1881

ANCIENNES DESCRIPTIONS

DE

PARIS

V

LA GRANDE
ET EXCELLENTE
CITÉ DE PARIS

Cet ouvrage est tiré à 330 exemplaires, savoir :

Sur chine... n^os de 1 à 30.
Sur hollande, n^os de 31 à 330.

———

Exemplaire N° 261

ANDRÉ THEVET

LA GRANDE
ET EXCELLENTE
CITÉ DE PARIS

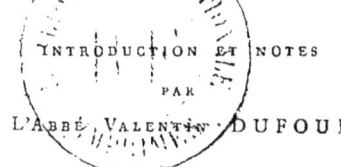

INTRODUCTION ET NOTES
PAR
L'ABBÉ VALENTIN DUFOUR

PARIS

A. QUANTIN, IMPRIMEUR-ÉDITEUR

7, RUE SAINT-BENOIT, 7

1881

Tous droits réservés.

ANDRÉ THEVET
RELIGIEUX CORDELIER (1554)

INTRODUCTION.

NDRÉ Thevet, dont nous réimprimons la description de la grande et excellente cité de Paris et choses remarquables d'icelle, extrait de sa *Cofmographie universelle*, loin d'être un homme de génie, ne fut même pas un caractère ; mais on peut dire de lui que ce fut un type. Si, un jour, on fait la galerie des originaux du xvie siècle, il ne sera pas placé au dernier rang. A une époque de troubles et de violences où il fallait prendre un parti, il eut le talent de ne jamais se compromettre ; il ne poursuivit qu'une idée, l'amour du merveilleux, de l'inconnu, des découvertes. On comprendrait son amour des pérégrinations lointaines, s'il avait vu le jour sur les rivages de la Manche ou sur les bords de l'Adriatique ; comme

a

il n'était le compatriote ni de Marco Polo, ni de Jean de Mandeville, ni d'Ango, ni d'aucun des hardis navigateurs dieppois, il faut reconnaître en lui une vocation naturelle qui le détermina à entrer dans un ordre mendiant où il pourrait satisfaire ses goûts pour les voyages. Son séjour dans le cloître ne fit que développer ses aptitudes : il nourrit son esprit des traditions de son ordre ; la bibliothèque de son couvent lui fournit les relations de missions et de voyages des frères mineurs, d'Odric de Foro Julii, contemporain de Marco Polo, du franciscain Jean de Plano Carpini et du moine flamand Ruysbroeck, dit Rubruquis, chargé par saint Louis d'une ambassade auprès du kan de Tartarie.

Dans le silence du cloître, Thevet amassait des connaissances qui devaient lui servir dans ses voyages. Il a fait beaucoup pour la science et s'était formé lui-même. S'il avait eu une bonne direction, — alors les sciences naturelles n'étaient pas ce qu'elles sont aujourd'hui, — quels progrès ne leur eût-il pas fait faire ? En butte aux railleries de ses contemporains, qui ne lui ménagèrent pas les épigrammes comme s'il les eût écrasés de sa supériorité, il fut malheureux encore après sa mort : le silence se fit autour de son tombeau : l'envie s'acharna après sa mémoire, et il n'est pas rare de le voir traiter durement, sur la foi d'autrui, par des écrivains qui ne connaissent ses œuvres que de nom et qui ignorent complètement ses titres au respect de la postérité.

Sans nous faire illusion sur la valeur intrinsèque et sur le mérite littéraire et scientifique de Thevet, on peut reconnaître que, s'il ne fut pas homme illustre de son vivant, beaucoup de ses détracteurs ne rougirent pas de le dépouiller pendant sa vie et le décrièrent ensuite pour faire oublier leurs plagiats ; nous admettrons ses défauts, à condition que l'on reconnaîtra ses mérites, relatifs si l'on veut, mais néanmoins réels. Le fond de son caractère était l'indécision ; il était crédule jusqu'à la naïveté. Il manquait, dira-t-on, des connaissances premières. Accordons-le, mais aussi il faut se placer à son époque, voir quel était l'état des sciences au XVIe siècle et lui tenir compte de ce qu'il a fait pour leur avancement. Combien de docteurs de son temps, mieux doués que lui, n'ont pas fait avancer la science d'un pas ?

Si nous n'avions à réhabiliter que des génies ou des héros, la tâche serait trop facile ; nous devons accepter l'homme tel qu'il est, avec ses faiblesses et ses imperfections. Nous aimons à voir en lui le curieux, le voyageur infatigable, l'apôtre de la science qui prépare les voies aux savants qui utiliseront ses découvertes.

A nos yeux, il a un mérite de plus : il a contribué à faire connaître le Paris de son temps ; il l'a habité, il y a vécu, il y est mort ; avec lui nous pourrons parcourir la grande ville à trois siècles de distance.

André Thevet, voyageur français, naquit à Angoulême vers 1504. L'article qui lui est consacré dans la *Nouvelle Biographie générale* du Dr Hœfer reporte cette date à 1502 ; c'est une erreur qui a été reproduite par M. Gaffarel, dans l'intéressante *Notice biographique* qui se trouve en tête de la nouvelle édition qu'il a donnée récemment (1878) des *Singularitez de la France Antarctique*. Le doute n'est pas possible quand on a sous les yeux l'épitaphe que nous donnons plus loin. M. Ferdinand Denis l'avait déjà publiée, dès 1851, dans une savante dissertation intitulée : *Lettre sur l'introduction du tabac en France*, à la suite des *Études économiques sur l'Amérique méridionale* de M. Demersey ; Paris, Guillaumin.

Les recherches faites par M. Gaffarel, à Angoulême, sur la famille et les premières années de Thevet, n'ont fourni aucun renseignement nouveau. « Il est probable néanmoins, dit-il, qu'il était d'origine modeste et qu'il ne reçut qu'assez tard une éducation fort superficielle, car il porta toute sa vie le fardeau de son ignorance native, et, malgré ses efforts pour se donner les apparences de l'érudition, le bonnet dont le coiffa si libéralement le malin Rabelais laissa toujours passer le bout de l'oreille, comme le remarque avec adresse M. Ferdinand Denis, un de ses admirateurs convaincus. »

Il est difficile de préciser, même approximativement, les périodes principales de la vie de Thevet, complètement brouillé avec les dates. On peut cependant avancer qu'il entra de bonne heure en religion, mais on ignore en quelle année il fit profession comme religieux de l'ordre de Saint-François au couvent des Cordeliers d'Angoulême; et, étant donné son caractère bien connu, il est loisible de croire que ce ne fut pas l'enthousiasme religieux, ni un désir immodéré de fuir les dangers du monde, encore moins l'amour du martyr et l'envie de se dévouer à la conversion des infidèles qui le poussèrent dans le cloître, mais bien plutôt le désir de se consacrer à ses études, à ses goûts de curieux, avec l'espérance secrète de voir des pays nouveaux en remplissant les fonctions de son ordre. A une époque où l'ancien monde était tout entier livré au bruit des armes et aux disputes théologiques, on ne voit pas qu'il ait beaucoup payé de sa personne et pris parti dans la lutte autrement que pour s'en désintéresser sans se compromettre. Mais, par contre, nous voyons revivre en lui les instincts de ces moines indépendants que l'on nommait *gyrovages*, parce qu'ils étaient bien partout, excepté dans leur couvent, et qu'ils redoutaient d'être soumis à une discipline sévère; avec cette différence néanmoins que Thevet ne fut jamais — au moins qu'on le sache — en opposition directe avec ses supérieurs, à une époque où les apostasies étaient nombreuses. Ce qui le prouve, c'est qu'il obtint l'autorisation de visiter l'Italie.

Ayant rencontré le cardinal de Lorraine à Plaisance, ce prélat lui fournit les moyens de se rendre en Orient.

Il s'embarqua à Venise, en 1549, selon un de ses historiens, et parcourut l'Asie Mineure, la Grèce, la Terre Sainte et revint en France avant 1554, année où parut le premier de ses ouvrages, les notes de son voyage, sous le titre de *Cofmographie du Levant*. S'il faut l'en croire, ses « lointaines navigations furent continuées dix-sept ans ou environ; » dans ce nombre d'années, il faut comprendre les autres voyages qu'il a faits en Europe et ailleurs, avant son expédition au Brésil.

Vers 1555, Coligny, grand amiral de France, prévoyant les malheurs prêts à fondre sur les protestants, avait eu la pensée de fonder une colonie en Amérique pour y servir, au besoin, de refuge aux partisans de la réforme. Il avait jeté les yeux, pour commander l'expédition, sur le sieur de Villegagnon, neveu du grand maître de Malte, Villiers de l'Isle-Adam, qui avait fait ses preuves dans des caravanes contre les Turcs et qui lui-même, amiral de France, offrait toutes garanties pour le succès de l'expédition projetée.

C'était une magnifique occasion qui se présentait à Thevet pour satisfaire sa curiosité et visiter le nouveau monde. Le chevalier de Villegagnon faisait un appel à tous les volontaires. Lors de son passage à Malte, Thevet avait été en rapport avec ce remuant personnage, qui était regardé, non sans raison, comme un des plus braves chevaliers de l'ordre de Malte. On vantait son courage, son intelligence, son activité. Le cardinal de Lorraine, neveu de son premier protecteur, était également un des plus chauds partisans de Villegagnon. Il crut lui rendre service et en même temps faire plaisir à Thevet en le lui donnant comme aumônier. L'un et l'autre acceptèrent avec empressement cette proposition, qui leur convenait à tous deux, et c'est ainsi que Thevet monta sur la petite flotte qui conduisait au Brésil les nouveaux colons.

Le spectacle grandiose qui se déroulait aux yeux de Thevet et qui ne ressemblait à rien de ce qu'il avait vu jusqu'alors le frappa d'admiration. Il ne se lassait pas de contempler l'Océan et ses merveilles, encore inconnues. Les forêts vierges du Brésil, ses animaux et ses tribus barbares achevèrent de l'émerveiller. Collectionneur avant toutes choses, il se mit à recueillir la faune et la flore de cette riche contrée; il commença une belle collection de plantes, d'insectes, d'oiseaux ; il y joignit des armes et des ustensiles dont il se promettait d'enrichir son cabinet à son retour en France.

Éprouvé par le climat du pays dès son débarquement, il ne prit que peu de part aux affaires générales de la colonie; le Conseil, d'ailleurs, était divisé par les questions religieuses. Brave soldat, mais politique malhabile, le neveu de Villiers de l'Isle-Adam, négligeant ses instructions secrètes et le but pour lequel il était venu au Brésil, mécontenta catholiques et protestants ; ces derniers l'accusèrent de trahison et lui donnèrent le surnom de *Caïn de l'Amérique*.

Uniquement adonné à la contemplation des beautés naturelles de la France Antarctique, Thevet, par prudence et pour ne pas se compromettre, ne se mêlait pas aux discussions intestines qui devaient entraîner en peu de temps la ruine de la colonie ; mais, poussé par une insatiable curiosité, il faisait partie de toutes les reconnaissances opérées dans l'intérieur du pays. Dans une de ses prétendues expéditions, il fut même surpris, seul et malade, sur le bord de la mer par les Patagons, qui voulaient l'enterrer vivant après l'avoir dépouillé de ses vêtements, lorsque l'arrivée d'un de ses compagnons lui sauva la vie.

Cette mésaventure, la fatigue de ses excursions, sa santé chancelante et surtout la crainte de se compromettre dans des rivalités qui s'envenimaient chaque jour engagèrent Thevet à demander son retour en France; il lui fut facilement accordé. Il revint sans encombre en Europe, précédant de quelques mois seulement le reste de cette expédition coûteuse, dont les seuls résultats, dus à notre voyageur, furent l'importation d'une plante inconnue à presque tous, excepté aux marins, le *tabac*, et le livre des *Singularitez de la France Antarctique*.

C'est pour satisfaire la curiosité générale — on s'occupait alors autant du Brésil que de nos jours des expéditions dans l'Afrique centrale — que Thevet rédigea cet ouvrage, qui eut un véritable succès; il suffira de dire qu'il eut, la même année, deux éditions. La première, incontestablement faite à Paris sous les yeux de l'auteur, est in-4° et illustrée de dessins et gravures. La seconde, in-8°, parut chez Christophe Plantin, Français d'origine, dont l'officine devait devenir célèbre, mais qui n'était établi que depuis trois années à Anvers. Le texte de cette dernière, qui paraît avoir été faite pour satisfaire la légitime curiosité des étrangers et des regnicoles qui n'avaient pu se procurer l'édition princeps, n'en diffère pas par le texte, mais par les gravures, réduites d'après l'original et augmentées de nouveaux dessins dont l'exécution n'a ni le fini ni la grâce de celles de l'édition de Paris. M. Gaffarel les attribue à Assuerus van Londerzeel. Ce dernier se serait contenté, en les réduisant pour l'édition plantinienne, de reproduire les gravures composées par Jean Cousin pour l'édition de Paris. Or, on sait que Maurice de La Porte (1524-1548) et sa veuve, Catherine Lhéritier (1548-1558), avaient souvent mis à contribution le talent de l'illustre graveur. « Si nous examinons avec soin les gravures des *Singularitez*, elles nous rappelleront, observe M. Gaffarel, la manière à la fois large et expressive de Cousin, sa science anatomique et son burin spirituel. »

C'est l'avis d'un autre érudit, qui fait autorité dans cette matière. Dans son *Étude sur Jean Cousin*, M. A. Didot déclare que « pour les reconnaître (les travaux du grand artiste), on n'a que le style, d'autre présomption qu'une similitude avec ce qu'on sait de Jean Cousin, d'autre indice que les rapports qu'il eut avec les imprimeurs de Paris qui recoururent à son talent ; le tout corroboré par des traditions conservées dans la famille Papillon et consignées par un de leurs descendants dans son *Traité historique et pratique de la gravure sur bois*. » Les gravures du livre des *Singularitez* ne sont pas signées, ce qui serait une présomption en faveur de Jean Cousin, tandis que dans l'édition d'Anvers, l'*athaparis*, que nous reproduisons dans le texte, porte comme monogramme les lettres A. P., peut-être la signature du graveur sur bois.

INTRODUCTION.

Une autre publication importante de notre voyageur est la *Cofmographie univerfelle illuftrée des diverfes figures des chofes les plus remarquables veues par l'auteur et incongneuës de noʒ anciens et des modernes;* Paris, Pierre L'Huillier, rue Saint Jacques, à l'Olivier, 1575. « Ouvrage sans crédit et qui ne peut guère être conservé qu'à cause des planches dont il est orné, » tel est le jugement qu'en porte Brunet dans son *Manuel du libraire et de l'amateur de livres* : jugement sévère, mais qui n'est pas sans appel. L'auteur a droit aux circonstances atténuantes. Sans dissimuler ses défauts, il faut aussi reconnaître ses mérites ; ce que l'on dit des *Singulariteʒ* peut s'appliquer également à la *Cofmographie*.

On a taxé Thevet d'ignorance et de mensonge. Ses ouvrages contiennent, il faut en convenir, des fautes qui pourraient faire douter de sa bonne foi ; son excuse est dans l'éblouissement que lui ont causé tant de merveilles éparses sur les deux hémisphères. Il a bien décrit ce qu'il a vu ; seulement, par excès de confiance envers autrui, naïf autant que curieux, il a recueilli trop facilement des traditions fausses et des contes absurdes. C'est la critique qui lui a manqué, non la science ; il en avait autant et plus que beaucoup de ses contemporains diplômés. Il n'en a pas moins répandu dans ses ouvrages une foule de notions que les écrivains du xvie siècle lui ont empruntées sans le citer, et il était le premier à s'étonner quand par hasard on daignait le nommer. Bien mieux, on lui a enlevé la gloire d'une découverte importante, car c'est lui, et non pas Jean Nicot, qui a fait connaître et cultiver le tabac en France. La description de cette plante se lit tout au long au chapitre XXXII de ses *Singularitez*.

S'il rencontra de son temps des adversaires acharnés, comme on le verra plus loin, Thevet sut aussi se concilier des amis dévoués et des protecteurs puissants. Parmi les premiers on trouve le président Bourdin, magistrat et bibliophile distingué, dont la riche bibliothèque ne lui fut pas inutile ; l'hébraïsant Gilbert Génebrard, Jean Dorat, helléniste et poëte, tous deux professeurs au Collège de France. Dorat le mit en rapport avec les membres de la Pléiade. Joachim du Bellay, Étienne Jodelle et Baïf composèrent en son honneur des odes et des épîtres ; Guy Lefèvre de la Borderie lui dédia un poëme complet ; enfin Ronsard, le coryphée, le célébra dans ses vers : toutes ces pièces se trouvent dans la préface des *Singularitez* ou dans celle de la *Cofmographie*.

Les protecteurs de Thevet furent les deux cardinaux de Lorraine, l'oncle et le neveu ; un autre cardinal, archevêque de Sens, Jean Bertrand, garde des sceaux depuis 1557, accepta la dédicace du livre des *Singularitez* et dut contribuer à sa fortune. Nous le voyons successivement nommé aumônier de la reine Catherine de Médicis, historiographe, cosmographe et garde des curiosités du roi. Il jouit de la faveur de Henri II et de ses successeurs jusqu'à sa mort. Il reçut enfin de Charles IX, à ce que l'on croit, la commande de l'abbaye de Masdion, en Saintonge. Ces différents offices étaient plutôt des sinécures que des charges ; mais comme ils n'étaient pas purement honorifiques, en assurant son indépendance et son existence matérielle, ils lui permettaient de se livrer avec ardeur à ses travaux favoris. On a avancé, mais sans preuves suffisantes, que Thevet s'était fait relever de ses vœux monastiques à son retour du Brésil. Sa charge d'aumônier de la reine n'était pas incompatible avec sa profession religieuse ; à son époque, les abbayes se donnaient en commande à des littérateurs, à des capitaines comme encouragement ou pour services rendus à l'État, ce qui ne grevait nullement le trésor royal. On ne peut tirer un meilleur argument de sa sécularisation de ce que ses portraits le représentent en costume séculier. Ceux de Ronsard nous le montrent vêtu tantôt en empereur romain, tantôt en courtisan, et cependant le *gentilhomme vendomois* était abbé et même prêtre : c'était le goût de l'époque.

Le frontispice du présent volume se trouve à la fin de la *Cosmographie du Levant,* publiée *à Lion par Jan de Tovrnes et Gvillaume Gazeav. M.D.LVI.*

Au bas, on lit : André Thevet, *religieux de l'ordre de S. François au couvent d'Angoulefme ;* au-dessus, une devise : *Homo homini, nemini nemo.* Il ne serait pas impossible que, dispensé de la résidence depuis qu'il était pourvu d'une charge à la cour, Thevet n'eût obtenu le privilège de demeurer comme hôte dans le couvent des Cordeliers, qui servait de collège aux jeunes religieux de son ordre. Il se trouvait ainsi à proximité de la résidence royale. Ce fait expliquerait pourquoi il avait choisi sa sépulture dans cet établissement religieux.

Parmi les ennemis de Thevet on compte Léry et Fumée, qui l'attaquèrent par jalousie de métier, et Belleforest, par ingratitude, — l'ingratitude est, a-t-on dit, l'indépendance du cœur, — au moins en fit-il amende honorable publique et solennelle. On s'explique moins l'acharnement que de Thou et P. de l'Étoile ont montré contre notre moine voyageur. Le lecteur va en pouvoir juger :

« Il s'appliqua, dit de Thou (*Histoire de France,* livre XII), par une ridicule vanité, à écrire des livres qu'il vendait à de misérables libraires : après avoir compilé des extraits de différents auteurs, il y ajoutait tout ce qu'il trouvait dans les guides des chemins et autres livres semblables entre les mains du peuple. Ignorant au delà de tout ce qu'on peut imaginer, il mettait dans ses livres l'incertain pour le certain et le faux pour le vrai avec une assurance étonnante. » Le tableau est un peu chargé. Pierre de l'Étoile (*Mémoires,* novembre 1590) n'est pas moins exagéré : « En ce même mois mourust à Paris André Thevet le Cosmographe, grant voiageur, mais insigne menteur et fort ignorant, comme ses livres et escrits en font foy. Monsieur de Thou, en l'onziesme livre de son *Histoire* (pp. 431 et 32), descrit la suffisance et vie du personnage. Un docte homme de notre temps lui fit croire qu'Anacréon avait lui-mesme escrit qu'il estoit mort d'un pépin de raisin ; ce que ce pauvre homme alloit publiant et confirmant partout.

« Son sépulcre est aux Cordeliers, lequel il a fait faire ; et se sentant proche de sa fin, il allait tous les jours pour le haster, comme aussi il mourust tout aussitost, estant fort asgé. »

Voici la description de son tombeau, conservée dans l'épitaphier de Paris (Bibl. de l'Arsenal, 4621) :

Tombe dans l'enclos du cloître des Cordeliers.

De gueules à la sphère accompagnée tout autour d'yeux au naturel, au chef d'argent chargé de cinq mâts de navires au naturel sur mer d'azur.

Cy gist vénérable et scientifique personne maistre André THEVET, Cosmographe de quatre Rois, lequel étant âgé de 88 ans seroit décédé en cette ville de Paris, le 23ᵉ jour de novembre 1592.

Priez Dieu pour luy.

Le fait d'avoir résidé de longues années à Paris, d'y avoir choisi sa sépulture dans un des principaux monastères de la capitale, ne suffirait pas pour attirer sur Thevet l'attention des Parisiens; il a d'autres titres à leur reconnaissance : dans sa *Cosmographie* il a donné une description de leur ville; il a importé, décrit et cultivé à Paris, proche de l'enclos du Temple, le tabac, source de richesses pour le pays. « Je puis me vanter avoir esté le premier en France qui a apporté la graine de cette plante, et pareillement semé, et nommé ladite plante l'*herbe Angoulmoisine*. Depuis un quidam, qui ne fait jamais le voyage, quelque dix ans après que je fus de retour de ce païs, luy donna son nom. » Il contribua également au progrès de la gravure en France et surtout à Paris : « J'ai attiré de Flandre les meilleurs graveurs et, par la grâce de Dieu, je me puis vanter d'être le premier qui ait mis en vogue à Paris l'imprimerie en taille-douce, tout ainsi qu'elle était à Lion, Anvers et ailleurs. »

Ce sont des titres réels à la reconnaissance de la postérité.

Dès 1558, Thevet avait donc fait connaître le tabac à ses ingrats compatriotes ; il considérait même comme un titre d'honneur pour lui d'avoir introduit cette précieuse plante en France, et il protesta toujours contre les prétentions de Jean Nicot, qui « intro-

« duisit à la cour, plusieurs années plus tard, l'usage
« du tabac en poudre. »

« Le *petun* ou *pety'n*, dit M. Ferdinand Denis dans sa brochure, qui est un éloquent plaidoyer en faveur de Thevet, joue un rôle important dans toutes les transactions des peuplades sauvages; les traitants de bois de Brésil prenant une part active aux fêtes des Brésiliens, les gens de Dieppe, de Fécamp ont adopté l'usage du petun dès 1508. Le seul résultat de l'expédition de Villegagnon (1555) fut l'acquisition d'une plante inconnue à presque tous, excepté aux marins; l'importation d'un objet de commerce dont on était loin de prévoir le développement, et la plante connue sous le nom de *Co{oba* à Haïti et de *Petun* au Brésil parvint pour la première fois d'une façon presque officielle en France.

« Un moine de l'ordre des Cordeliers la rapporta dans le pan de sa robe, André Thevet, qui s'intitula plus tard *Garde des Singularite{ et Curiosite{ du Roy*. André Thevet, qui avait parcouru le monde entier, mais que l'on accusait d'avoir voulu juger l'univers à travers le trou de son chaperon, André Thevet, si malmené par de Thou et dont la crédulité est devenue proverbiale, fut incontestablement le premier qui fit ce cadeau à son pays; or, c'est ce dont je veux le glorifier, et je suis cependant d'autant plus désintéressé dans la question, qu'on ne peut m'accuser de professer trop d'enthousiasme pour la précieuse solanée.

« Disons quelques mots de ce moine, qui enrichit la botanique bien plutôt qu'il n'enrichit le commerce et qui, tout en ayant un prodigieux amour pour la science et en sachant faire d'utiles collections (chose méritante à cette époque), ne sut pas cependant s'entourer d'une considération suffisante pour faire autorité un moment, même parmi les savants crédules auxquels il mendiait sa renommée.

« La curiosité, fille de l'ignorance, peut être mère de la science, a dit Vico : or, loin de jeter le froc aux orties, Thevet le mit de côté avec le dessein de le reprendre, puis il quitta le couvent et voyagea.

« Il navigua et pérégrina, pour nous servir de ses expressions, durant trente-six ans. Thevet a décrit la singularité d'une herbe que les Brésiliens appellent *Petun* et qu'il nomma *Herbe angoulmoifine,* en souvenir de sa ville natale. Or, il ne s'en tint pas à la description ; il rapporta des graines de l'*herbe eſtrange* qui, pour me servir de l'expression d'un autre voyageur contemporain, donnait aux Sauvages si bonne contenance, que vous eussiez dit, « à les voir humant la fumée et resserrant soudainement la bouche, dont la lèvre était percée, que c'estoit quelque large encensoir. »

En toute circonstance, dans ses livres imprimés

aussi bien que dans ses manuscrits, le moine, devenu cosmographe en titre, réclame obstinément l'honneur qu'on lui a ravi. L'herbe Petun se lie à tous ses souvenirs, et le déni de justice dont il se plaint le poursuit jusqu'en sa vieillesse; il semble lui être plus sensible que les reproches quelque peu sévères du grave et savant de Thou.

« Jacques Cartier, en 1542, dédaigna ce que le cordelier cosmographe ne se lassa pas de préconiser; Thevet a introduit le Petun incontestablement en France depuis 1556. Les graines de cette plante, rapportées soigneusement par lui, ont germé, grâce à lui, sur notre sol, quatre ans avant l'époque adoptée par tous nos historiens.

« Il ne faut pas le dissimuler toutefois, l'homme qui a introduit à la cour la plante merveilleuse signalée à diverses reprises par Colomb, par Oviedo, par Cartier, par Barré, le zélé calviniste, celui qui lui donna le droit de cité, c'est toujours Jean Nicot, sieur de Villemain, l'ambassadeur de Charles IX près de l'infortuné Sébastien; mais, pour dire la vérité, l'historique de cette seconde importation, passez-moi le terme, est environné de faits aussi apocryphes, de détails aussi confus que ceux que l'on vient de lire étaient ignorés. André Thevet mourut huit ans environ avant Jean Nicot. »

Le tabac, appelé *Herbe sainte* à Lisbonne, fut mis à

la mode par François de Lorraine, grand prieur de France, et par la reine Catherine de Médicis; de là les noms de *Nicotiane*, d'*Herbe à la reine*, de *Médicée en France*, de *Catherinaire à la cour*, d'*Herbe de M. le prieur :* les savants lui donnèrent en outre les noms de *Buglosse antarctique*, de *Jusquiame du Pérou*, etc. La légitime revendication de Thevet ne fut jamais écoutée. L'histoire doit le proclamer bien haut : c'est à Thevet, rien qu'à Thevet que le trésor public doit le plus magnifique de ses revenus, et la majorité de nos lecteurs une jouissance quotidienne ; celui qu'on traite aujourd'hui encore avec dédain, faute de connaître les services réels qu'il a rendus, a droit à plus d'égards de la part des hommes désintéressés qui n'écoutent pas d'injustes préventions. Quant aux amateurs du tabac, quant aux fumeurs de tous les pays, c'est mieux que de l'indulgence qu'ils doivent avoir pour le moine voyageur, étrange précurseur de Humboldt, pour ce modeste écrivain trop attaqué de son vivant, trop oublié après sa mort ; c'est une gratitude sentie, c'est une sorte d'affection chaleureusement expliquée, le culte, en un mot, que l'on rend à la mémoire de tout homme qui a étendu le cercle de nos jouissances. « On peut lui refuser le discernement, selon la remarque d'un de ses biographes, mais non ce goût des recherches patientes, cette admiration naïve pour les œuvres artistiques de toutes les époques, cet enthousiasme de bon aloi pour les savants et pour la science, qui fait d'André Thevet un personnage dont on pourra médire, mais qu'on n'aura pas le droit de dédaigner[1]. »

Voici la liste des principaux ouvrages de Thevet :

— *Cofmographie du Levant*. Lion, par Jan de Tovrnes et Gvil. Gazeav, 1554-1556. In-4° fig. Nouvelle édition à Anvers, Jean Richard, 1556. In-8° fig.

— *Les Singularite︤ de la France Antarctique*, 1558. Paris, chez les héritiers d'Ambroife de La Porte. In-4° fig. Nouvelle édition, Anvers. Chriftophe Plantin, 1558. In-8° fig.

— *La Cofmographie univerfelle*. Paris, Pierre L'Huillier, 1575. 2 vol. in-fol. fig.

— *Discours fur la bataille de Dreux, avec le portrait d'icelle*, 1568.

— *Les Vrais portraits et vies des hommes illuftres grecs, latins et payens, anciens et modernes*. Paris, 1584. 2 vol. in-fol. Une nouvelle édition parut fous ce titre : *Hiftoire des plus illustres et favants hommes de leurs fiècles*, avec leurs portraits. Paris, 1670. 8 vol. in-12. Elle contient plusieurs notices sur les contemporains de l'éditeur, qui paraît avoir été Guillaume Colletet.

---

1. Gaffarel, *Notice biographique*, vii.

Le département des Manuscrits de la Bibliothèque nationale possède un certain nombre de manuscrits de Thevet : le *Grand Infulaire et Pilotage; Defcription de plufieurs îles; Relation de deux voyages faits aux Indes auftrales et occidentales; Second Voyage dans les mêmes pays; Quinzième Livre de la nouvelle et générale defcription des Indes;* Traduction de l'*Itinéraire de Benjamin de Tudèle; Defcription de tout ce qui eft compris fous le nom de Gaule.*

Thevet fut, on le voit, un laborieux écrivain, non moins qu'un infatigable voyageur.

La *Cofmographie* n'a jamais eu de seconde édition; mais, en 1858, le prince Galitzin composa sa *Cofmographie mofcovite* avec les fragments relatifs à la Russie, qu'il enrichit de notes et de commentaires. Nous reproduisons ici la description que Thevet a donnée de Paris, dans sa *Cofmographie*. On retrouvera dans ce fragment les mêmes défauts de style et l'absence de critique que l'on rencontre dans l'ouvrage, mais aussi par compensation des détails curieux. C'est à l'éditeur à redresser et à confirmer par des témoignages certains ses assertions, pour établir entre l'auteur et les autres historiens de Paris des rapprochements, pour le confronter avec les documents connus de son temps et du nôtre. Sa description de Paris est sans méthode, pleine de digressions, au milieu desquelles l'auteur nous apprend le nom de celui qui, le premier, remit le plâtre en usage ; il discute les étymologies fantaisistes du nom de Paris ; il rappelle les découvertes de son temps. C'est dans son livre seûl que l'on trouve la représentation de la statue de Philippe de Valois, déposée à Notre-Dame de Paris ; une vue de la Seine entre Charenton et Paris. En un mot, son livre n'est certainement pas un chef-d'œuvre, mais un travail utile et intéressant.

Des connaisseurs attribuent à Jean Cousin le plan anonyme que nous reproduisons. C'est un des rares dessins, pour ne pas dire le seul, qui, au XVIe siècle, donne des détails sur le territoire parisien *extra muros*.

La presqu'île que forme le confluent de la Seine et de la Marne est le point où s'est placé le dessinateur.

Dans le lointain, Paris. Le pont de Charenton est représenté avec assez de détails ; plus loin, à droite, apparaît le château du bois de Vincennes. Sur le bord de la rivière, auprès de Conflans, on remarque un moulin sur pilotis qui existait encore au commencement du XIXe siècle. Les alluvions et aussi les travaux de l'homme ont réuni à la presqu'île l'île *Fovée* et les îlots voisins. La colonne surmontée de la statue de Mercure est une restauration de l'auteur, qui a voulu que le graveur fît voir les différentes scènes de sacrifices et d'adoration qu'on rendait à Mercure sur terre et sur eau, comme aussi l'invention du trésor dont il parle au même endroit.

La *Cosmographie*, indépendamment de la perspective de Paris prise du pont de Charenton, renferme un autre dessin : la panoplie de Philippe de Valois, déposée en *ex-voto* à Notre-Dame.

L'intérieur de l'église étant d'un dessin un peu négligé et la représentation de l'armure du roi et de son cheval n'offrant pas un grand intérêt, nous n'avons pas cru devoir la reproduire ; la figure de l'*athaparis* et le portrait de l'auteur, qui manque dans cet état aux collections de la Bibliothèque nationale, le remplacent avec avantage et complètent l'illustration de cette description de Paris.

L'Abbé Valentin DUFOUR.

DE LA GRANDE

ET EXCELLENTE

CITÉ DE PARIS

ET

CHOSES REMARQVABLES D'ICELLE

SOMMAIRE

1. Paris, jadis Leucotèce. — 2. D'où vient le nom de Paris. 3. Paris plus ancien que Melun. — 4. Paris dit Cité de Jules Céfar. — 5. Aqueducts et arcades près d'Arcueil. — 6. Cent mille hommes armés sortis de Paris. — 7. La Cité, l'Univerſité fondée par Charlemagne. — 8. La Ville. — 9. Nombre des rues de Paris. — 10. Églife Notre-Dame. — 11. Épitaphe de Pierre Lombard. — 12. Comment le roi entra dans l'églife Notre-Dame. — 13. Conciles tenus à Paris. — 14. Du Palais et lieu de judicature. — 15. Le parlement ambulatoire. — 16. Le nouveau Louvre commencé par François Ier. — 17. Le Grand Chaſtelet. — 18. La Seine. — 19. Colomne

élevée jadis au confluent de la Seine et de la Marne. — 20. La ville de Saint Denis. — 21. Montmartre, jadis mont de Mercure. — 22. Oziel le premier remet le plâtre en ufage. — 23. Paris brûlé cinq fois. — 24. Bois de Vincennes. — 25. Anne de Montmorency, connétable de France. — 26. Trésor trouvé de notre temps près de Paris. — 27. L'Arsenal. — 28. Monftres vus à notre époque.

LA CITÉ DE PARIS

ET

CHOSES REMARQVABLES D'ICELLE

1. Il n'y a celuy de tous ceux qui ont efcrit qui nous baille au vray l'origine de la grande ville de Paris (miracle de l'Vniuers) ou qui fçache dire la caufe de fon nom [1].

Or, fut-elle premièrement appelée *Leucotèce*, qui fignifie blancheur, à caufe que le peuple rapportoit à cefte couleur. Ce qui fe voit en quelques chartres de S. Germain des prez lez Paris, où Childebert, fils de Clouis, doüa cefte Eglife de plufieurs biens, la confacrant & dédiant à S. Vincent, le tiltre portant ces mots : *Ecclefia quæ eft fita in loco Titiæ* [2] ; ce qui

---

[1]. L'auteur blâme ses devanciers et néanmoins les imite dans leurs efforts infructueux.

[2]. Cette pièce doit être considérée comme non avenue. On doit placer ce diplôme contrefait au nombre des chartes mérovingiennes forgées en grande partie après l'an 1000. Voir sur ce sujet le

semble estre mis par corruption de langage ; au lieu de Leucotetia, pour la proximité & voisinage, qu'auoit ceste Eglise auec la ville, comme estant de sa banlieuë. Car de mettre en auant, que alors elle fut nommée *à luto,* c'est-à-dire *de la fange,* l'interprétation en est bien maigre : iaçoit[1] que ie m'en rapporte à ce qui en est. Et voilà quant à son premier nom.

2. Touchant celuy de Paris, ie ne trouue point estrange, qu'il soit dit des Parrasiens, qui habitèrent autour de l'isle de Seine, où Lutèce estoit bastie : pour autant que chacun sçait, qu'Hercules[2] auoit en sa compaignie des Grecs plus que d'autres gens, pour estre luy-mesme Grec de nation.

Outre plus, il est hors de doute qu il a visité l'Es-

---

remarquable mémoire de M. Quicherat, intitulé : *Critique des deux plus anciennes chartes de l'Abbaye de Saint-Germain-des-Prés.* Voici le passage auquel il est fait allusion ; il n'a nulle valeur et n'offre qu'une assonance qui flatte l'oreille, sans satisfaire l'esprit. *In urbe parisiaca, prope muros civitatis, in terra quæ aspicit ad fiscum Isiacensem, in loco qui appellatur Locolitiæ,* et non, *in loco Titiæ,* comme écrit Thevet.

1. *Quoique, bien que,* vieux français.

2. La fable se mêle à l'histoire en cet endroit, dans la *Fleur des Antiquitez de Paris* (1532), Gilles Corrozet a traduit ainsi ce passage :

> Hercules en Gaulle passant
> Trouua vne Isle dedens Seine,
> Et en ce lieu rafreschissant
> Ses gens comme bon cappitaine,
> Dediffier print grosse peine
> Y laissant les Parrasiens,
> Qui depuis en gloire haultaine
> Furent nommez Parisiers.

De la fondation et cité de Paris, édit. de M. P. Lacroix. — Paris, L. Willem, 1874.

pagne, la France & l'Italie : & ainſi ne ſeroit inconuénient, que ceux de ſa ſuyte, s'eſtans arrêtez en ce lieu, n'ayent peu donner ce nom à ceſte ville, veu qu'on l'appelloit touſiours du depuis Lutèce des Parriſiens, changeant vn A en vn I. Ces Parriſiens[1] eſtoient natifs de Grèce, de la Prouince d'Arcadie, gens vaillans, & adroicts aux armes, & addonnez au paſturage : leſquels ayant perdu leur païs, ruiné deſia par la guerre, il leur fut aiſé de s'arreſter en ceſte contrée ſi propre. De dire (comme font quelques vns) qu'elle fut nommée de Pâris, fils du Roy Priam, & que ç'ayt eſté le dix-huitième Roy des Gaules, ce ſeroit par trop s'eſlongner de la vérité : ioinct que Lutèce eſt longtemps deuant, & renommée des ſuſdits Parraſiens, pluſtoſt que Pâris fuſt en eſſence, voire & auant que Priam fuſt né. Par ce moyen vous voyez l'antiquité de ceſte ville deuancer Rome, & la plupart des autres de pardeça[2]. Je ne veux auſſi paſſer ſoubz ſilence le peu d'aduis de ceux qui font des étymologies des mots moictié latins, moictié étrangers, lorsqu'ils diſent que Paris eſt dict de *Par-Iſis*, égal à Iſis, à cauſe que Melun eſtoit iadis nommée de ce nom, du temple de ladite Déeſſe, baſty en icelle, & que Paris et Melun ſe reſſembloient d'aſſiette,

---

1. La similitude du nom a frappé les historiens naïfs qui ont traité de nos origines : Knobelsdorf, contemporain de Thévet, dans un poëme latin, *Lutetiæ Parisiorum* (1543), a développé ce thème d'après Corrozet.

2. La chronologie n'embarrasse jamais l'auteur de la *Cosmographie*, brouillé, comme on le sait, avec les dates.

eſtant chacun poſé dans une Iſle de Seine, comme encores on le peult voir.

3. Ceſte dénomination donc eſt trop froide, veu qu'il eſt vray que Paris eſt fondé long temps auant Melun[1], qui 'fut édifié par les Sénonois. Au reſte, ſi l'on vouloit adiouter foy à ces interprétations, ou ſottes liaiſons de mots, qui me garderoit de dire que Paris deſcend du nom indien *Athaparis*[2], ou *Oſnache-*

ATHAPARIS DE JAVA
(d'après la Cosmographie du Levant).

paris, en langue Iauienne, qui eſt une certaine beſte que i'ay veuë, de la grandeur d'un barbet, que ces

---

1. Il serait difficile d'établir la priorité de l'une de ces villes sur l'autre; elles existaient toutes deux du temps de César, le premier qui en parle dans ses *Commentaires*.

2. Cette démonstration par l'absurde vaut mieux que toutes les explications forcées employées par l'auteur sans pouvoir rien démontrer de concluant. N'est-il pas curieux de constater que ce moine si ignorant, si simple, va chercher des points de comparaison dans le sanscrit, — si le mot n'était pas inventé encore, la chose existait, — dans la langue des Parsis? L'animal nommé Atha-

fauuages appriuoifent? ou bien que la ville d'Angoulefme ne print le nom d'vne autre befte, nommée *Goulifmum* [1], affez congneuë entre les Ethiopiens? Mais ces allufions font autant de refueries.

De croire auffi que Paris ayt efté nommé de ladite Déeffe Ifis, le Temple de laquelle fut ou à préfent eft S. Germain des prez (qui donnoit argument au peuple de la nommer l'idole de Sainct Germain [2] : laquelle l'abbé Briffonnet feit de noftre temps ofter

---

paris à Java, et Nu (eau) en patagon, est la sarigue, d'après la *Cosmographie*. Quant à la représentation de ce marsupiau, elle laisse beaucoup à désirer ; comme plusieurs figures d'animaux qu'on y trouve, elle rappelle l'histoire naturelle observée ou plutôt imaginée par le moyen âge : tête fantastique, griffes de lion, queue d'écureuil, et, pour montrer que la mère ne quitte pas ses petits, on les a mis sur son dos ; dans leur abri naturel, la poche de la mère, on ne les eût point, il est vrai, aperçus. C'est naïf, sinon exact.

1. N'ayant pas, comme pour l'athaparis, la représentation du sujet, il est difficile d'en déterminer le nom moderne. On aurait pu croire que Thevet aurait eu recours au mot arabe *gul*, rose, d'où le terme du blason, *gueule*, rouge. La conclusion est pratique ; *mais ces allusions sont autant de resueries* : pourquoi alors s'y arrêter?

2. « Aucuns dient que près d'icelle ou lieu qu'on dit Sainct Germain des Prez estoit ung temple dédié à une Idole de la déesse Isis, laquelle, selon Jehan le Maire fut royne d'Egypte, et femme du grant Osiris surnommé Jupiter le juste, et dit que la statue d'icelle est veue audit lieu de Sainct Germain des Prez, laquelle chose est vraie, car plusieurs de nostre temps l'ont veue, et estoit la statue fort grande, laquelle vulgairement estoit appelée l'idole Sainct Germain, et depuis peu de temps elle a esté ôtée et mussée. » Corrozet, *ibidem*. L'abbé Guillaume Briçonnet la fit retirer parce qu'elle était l'occasion d'actes d'idolâtrie pour des personnes peu instruites. « Le Théâtre de Paris précise la date, 1514. Voir La Rochemaillet dans notre *Collection des anciennes Descriptions de Paris*, vol. IV. »

& tranfporter, tellement que l'on ne la voit point auiourd'huy). Ceux, dy-ie, qui m'ont voulu faire entendre que fon effigie eftoit toute nuë[1], me font douter de leur dire & répondre que eftant en Egypte (où cefte Déeffe eftoit réuérée plus qu'en autre lieu, & d'où leurs voifins auoient apprins la forme de l'effigier & de luy facrifier), i'ay veu plufieurs de ces ftatues & médalles antiques, qui n'eftoient nuës en forte aucune.

4. Mais pour reuenir à mon propos, Paris a eu le nom des Parrafiens & Lutèce de fa blancheur, & fut baftie bientoft après Thèbes, en Grèce[2]. D'autres l'ont nommée Ville de Iule Céfar, non qu'il en fut le fondateur (comme on peult recueillir), ains pour ce qu'il l'augmenta & aggrandit, après qu'il l'eut prinfe. Auffi fault-il noter que Paris eftoit feulement enclos en ce que contenoit l'Ifle, & fa clofture la plus grand-part de bois, qui leur feruoit de fortereffe, à la forme des grandes villes que l'on voit encore auiourdhuy aux Indes Orientales & haulte Afrique[3]. Quant

---

1. Thévet prend au sérieux l'appellation d'Isis donnée à une statue qui pouvait être antique sans être égyptienne. Ce pouvait être aussi une statue mérovingienne déplacée de l'église et adossée contre un mur, que l'ignorance aura gratifiée du nom d'Isis, que la tradition aura conservée ; en tout cas, à moins de représenter Adam ou Ève, elle devait être drapée ; le passage de Corrozet : que cette statue était fort grande, fait penser aux effigies plus grandes que nature que l'on mettait sur les tombes levées.

2. Ces synchronismes ne se peuvent prouver.

3. Les palissades sont antérieures aux enceintes de murailles, chez les peuples d'une civilisation peu avancée. Qui sait d'ailleurs si le Paris primitif n'était pas une station lacustre, dont le circuit n'avait pas besoin d'être défendu par des palissades?

à fa defcription, celle qu'en fait Iulian, furnommé l'Apoftat, eft la plus belle, lequel s'y eft tenu d'autres fois, & y fut fait & falué Empereur par fon armée, en l'an trois cent foixante & quatre. Ceftuy loue Paris en vne Oraifon[1], où il vfe de ces paroles : Je paffois (dit-il) mon hyuer à Lutèce (car c'eft ainsi que les Gaulois appelent la petite ville des Parifiens), où y a vne Ifle, non trop grande, qui gift dans le fleuve, lequel l'enuironne, & les murailles de la ville ; & de tous coftez y a des ponts de bois, qui conduifent vers ladite Isle, &c. Puis montre la fertilité du païs, & dit qu'en ladite terre il y a bon vignoble ; fe plaignant neantmoins des rigueurs de l'hyuer, & que la riuière fut de fon temps fi efprife de glace, qu'il la compare en dureté & couleur à vne pierre de marbre. Par lequel difcours Paris eft dépeint, felon que alors il fe comportoit.

Car ce qui eft à préfent de la ville, vers les portes Sainct Denys, Sainct Martin, le Temple & Sainct Antoine, c'eftoient les grands marefts, où s'arrêtèrent les Gaulois, pour empefcher l'armée des Romains, & bien fouuent eftant pour lors les lieux fort bas, la riuière y alloit bien auant en campagne. Ce que Grégoire de Tours efcrit même eftre aduenu de fon temps, & que ladite riuière inonda tout iufques à Sainct Laurens, qui eftoit defia bafty. Auffi trouue l'on par de vieux Documens & Panchartes, que

1. Le *Misopogon*.

encore le bas de ce cofté là s'appelle la vieille Seine, tant à caufe de fes marefts que pour les defbords de ladite riuière, n'ayant toutefois le cours d'icelle changé aucunement, ainfi que pouuez aifément recueillir des paffages que i'ay alléguez.

Outre plus, ie penfe que Paris fut nommé ville de Iulian & non de Iules ; attendu que Iules Céfar ne s'y arrefta guère, là où l'autre y demeura près de deux ans & demy, donnant augure de la grandeur future d'icelle, & qu'elle feroit vn iour le fiége des grands Roys.

5. Pour plus grande approbation de ce, vous avez encore les aqueducts & arceaux, près du village d'Arcueil, à deux lieues de Paris, faits par iceluy, lesquels venoient iufques en fon chafteau, qu'il feit édifier au lieu où eft auiourd'huy la maifon de Cluny, aboutiffant à la rue de la Harpe, auquel endroit fe voyent les plus grandes antiquitez qui foyent en toute la ville, comme i'ay peu contempler. Or fut ce village dit Arcueil, à caufe defdits arceaux. L'eau qui couloit deffus venoit de Louan, à trois lieues de là. Le refte des arcades font fur le bord de la riuière de Bièure, dicte d'Anjou, laquelle prend la fource première d'vn lieu nommé Bièure, à huict lieues dudit Paris [1].

Cefte maifon de Cluny eftoist là où f'affembloient les confuls, lorfqu'ils vouloient traiter des affaires de l'Empire.

I'ay veu en diuerfes Prouinces de France, Efpai-

---

1. Voir l'appendice à la fin du volume.

gne, voire en Grèce, Égypte & plufieurs endroits
d'Afie, vn nombre incroyable de telles antiquitez [1],
mefmes des Colomnes, Tours, Arcs triomphans, que le
peuple de ces païs-là dit auoir efté faits du règne de
Iule Céfar [2]. Combien qu'il me semble affez difficile à
croire, d'autant qu'il faudroit que ce monarque euft
vefcu en fon empire plus de fix cens ans & dy cecy
pource que les ignorans luy attribuent tout ce qu'ils
voyent d'antiquité. Quant à ces Arcades & Aqueducts
dont ie parle, elles n'ont efté acheuées, finon foubz
Septimus Seuerus, empereur, en l'an du monde quatre
mil cent cinquante fix, après la natiuité de Noftre Seigneur cent nonante quatre, lequel, après auoir def-
fait Clodius Albinus, à deux lieues de Lyon, qui s'eftoit réuolté, & fait trancher la tefte, vint à Paris, où
il demeura feize mois. Ie mets donc cecy en auant,
afin qu'on voye s'il eft poffible que ledit César ayt
efté le premier baftiffeur de cefte ville, attendu que,
près de mille ans auant luy, il y auoit habitans &
murs autour de fon Ifle. Or eft-il, que ce qui n'eftoit
rien pour lors, eft à préfent de telle conféquence, que
homme ne fauroit contempler Paris fans efbahiffe-
ment, pour eftre la chofe la plus à admirer qui foit
au monde. Je ne dy pas du tout pour fa grandeur
(car i'en ay veu d'autres qui l'efgalent en eftendue),

1. Thévet aime à rappeler le nom des pays qu'il a parcourus.
2. Ce qui est ancien, inconnu, est vulgairement attribué aux
Romains, à César, de nos jours encore, surtout dans les cam-
pagnes.

mais pour l'abondance du peuple qui y eſt, & puis confeſſer n'auoir veu ville ſi peuplée ès quatre parties de l'Vniuers, où i'ay eſté ; le païs voiſin de laquelle ne ſuffit pour la nourrir vn ſeul mois, & nonobſtant cela il s'y trouue ſuffiſance de viures.

6. Il s'eſt veu de mon temps telle fois en faillir, en monſtre générale[1], près de cent mille hommes armez & bien équippez; & néantmoins, dans la ville on euſt dit qu'il n'en eſtoit pas forty vne douzaine, tant elle eſtoit encore pleine[2].

Meſmement durant ces troubles paſſez, on m'a aſſeuré qu'il ſe pouvoit faire cinquante mille harquebuſiers, qu'on euſt leuez en ſix heures, & plus de cent mil autres, portans diuerſes armes, ſi l'occaſion ſe fuſt préſentée, pour faire ſeruice au Roy et au public : ce que ces deux grands Monarques, ſçavoir François premier & Charles le Quint, Empereur, ne peurent onques faire tous deux enſemble, quelques grandes puiſſances qu'ils euſſent, voire le Turc en toutes les Prouinces qu'il poſſède. Il ne fault donc plus s'eſbahir ſi noz Roys s'aiment en ladite ville, & ſi les eſtrangers admirent ſa force & grandeur. Or, tout ainſi qu'elle a emprunté le nom de Paris, de la contrée voiſine, qui eſtoit dite Pariſis, par ſucceſſion de temps auſſi elle s'eſt faite vn païs, et non une ville.

A ceſte cauſe, comme l'Empereur Charles le Quint

1. Revue.
2. Exagération flagrante.

demandaſt vn iour au Roy François, en préſence de pluſieurs ſeigneurs d'Eſpaigne, quelle il eſtimoit la première ville de ſon royaume, il reſpondit que c'eſtoit celle de Rouen. Et pource qu'on euſt peu penſer qu'il ſe moquoit, mettant en oubly celle de Paris, il repliqua que ce n'eſtoit point vne ville, ains pour mieux parler, vn grand païs[1]. Et toutefois le peuple aime, eſtime & craint tant ſon Roy, que auec vne verge il les peult manier, comme le paſteur ſon troupeau auec ſa houlette[2]. Je ne dy pas que les habitans d'icelle n'ayent eſté autrefois mutins, & que pour peu de choſe ils ne prinſſent les armes, & ſans raiſon ni ſçavoir pourquoy. Car nous liſons, que du temps d'Enguerrand, qui gouuernoit tout à Paris, le peuple s'eſmeut pour certaines exactions qu'on faiſoit & pour quelques eſpéces de monnoye qui couroient. En outre, du règne du Roy Iean, il y eut pluſieurs ſéditions en France : comme ainſi ſoit que de ce temps là le Daulphin ne voulut en façon du monde ſe ſoubzmettre au gouuernement des Pariſiens, & deſpouilla le chapperon que le Prévoſt des marchands, nommé Marcel, luy avoit mis ſur ſa teſte, rompit ceux qui ſ'eſtoient eſlevez, print le village de Conflans pour brider Paris & pratiqua ſi ſagement quelques vns de la ville, que ce gentil Eſtienne Marcel, qui faiſoit du petit Roy-

---

1. « *Non urbs, sed orbis*, disait Charles-Quint. Dieu a si bien placé la ville de Paris, ajoutait-il, qu'il faut qu'un jour ou l'autre elle devienne la vraie cité, reine de l'Europe... Voilà le secret de ma jalousie, la cause de nos divisions. »

2. Ces lignes furent écrites avant la journée des *Barricades*.

telet, fut tué. Ie sçay bien auffi que du temps de Charles fixième, en vingt & deux ans, le peuple de Paris fe mutina cinq fois pour les tailles & impofitions qu'on tenoit fur eux[1], dont aduint qu'ils faccagèrent bon nombre de maifons de la ville, & occirent tous les Iuifs, qui pouvoient estre cinq mil trois cens en nombre. De quoy le Roy, eftant irrité contre les chefs des volleurs, en feit pendre vn mois après trois cens foixante & neuf, & trancher la tefte à plufieurs notables bourgeois, & oftant à la ville tous les deniers communs, après auoir faict mourir auffi Iean des Marefts, fon aduocat, dépofa le prévoft des marchands & efcheuins, au lieu defquels il en mit d'autres.

Mais que depuis ils fe foient vu révoltez ou armez, finon par le commandement du Roy, il n'a point été veu, ou trouué par efcrit.

Si l'on m'ameine en auant la iournée de sainct Barthélemy de l'an mil cinq cent foixante & douze, en laquelle fut fait maffacre de plufieurs grands feigneurs & autres plus moyens, chacun eft affez aduerty de l'occafion : m'en remettant à ce que les Hiftoriographes en pourront efcrire & difcourir. Or, la grandeur de cefte ville eft à confidérer en ce qu'elle eft diuifée en quatre parties[2].

7. La première eft la Cité, toute infulaire et l'affiette ancienne de la ville.

---

1. Pas déjà si commodes à mener, les Parisiens; ces moutons deviennent souvent enragés.
2. Lisez trois : la Cité, la Ville, l'Université.

La feconde, c'eft l'Vniuerfité, qui n'eft que depuis que Charles le Grand y dreffa eftudes, par la follicitation d'Alcuin & Raban, n'eftant auparauant que fauxbourgs où Clouis, premier Roy chreftien, feit baftir l'Eglife Sainct Pierre & Sainct Paul, à préfent Saincte Geneuiève, où il eft inhumé.

8. L'autre partie eft la Ville, qui commence à la porte de Paris iufques aux anciens murs de la feconde augmentation. Et puis y eft la nouuelle ville, faite depuis la guerre des Anglois, lorfque Sainct Antoine & tout le long de Sainct Paul, & les cloftures du Temple, & Saincte Catherine du Val, furent mifes dedans icelle. Lefdites vieilles murailles paroiffent encore en ladite rue Sainct Antoine, le long de l'Hoftel d'Eureux, de Meudon[1] & vieille rue du Temple; & tirant à la riuière, affez près du Monaftère qu'on dit l'Aue Maria. Ce cofté de la ville fut fait clorre par Hugues Aubriot, préuoft d'icelle, qui auffi feit baftir la Baftille de Sainct Antoine, le pont Sainct Michel, le Petit Pont & le petit Chaftellet, lequel viuoit du temps des Roys Charles cinquième & sixième. Ainfi vous voyez, comme peu à peu Paris a efté fondée, & mife en la grandeur qu'elle eft. Je vous ay défia dit que fa forme eft prefque en rond, & baftie du cofté de l'Oeft, fur vne montaigne où eft l'églife Saincte Geneuiève, puis va toufiours en baiffant & demeure en perpétuelle planure, de quelque cofté qu'on la veuille contempler. A

1. Ces hôtels étaient placés entre la rue Saint-Antoine et l'hôtel de Guise, aujourd'hui les Archives.

présent, tout eſtant compris en l'enclos ou desdites murailles, ou de la riuière, elle eſt partie ſeulement en trois, à sçauoir la Cité, la Ville et l'Vniuerſité.

Elle giſt en ſon élévation, à vingt trois degrez quarante huict minutes de longitude, quarante huict degrez cinquante minutes de latitude.

9. Et à fin que l'eſtranger imagine de quelle grandeur elle peult eſtre, il faut noter, qu'en ce qu'on dit la Ville, il y a deux cens quatre vingts rues, en la Cité quarante ſix, & en l'Vniuerſité cent ſeptante & huict ; eſquels lieux y a tant & ſi grand nombre d'hoſtels & maiſons ſuperbes, temples & collèges, que iamais ie n'aurois fait, ſi ie voulois m'amuſer à en faire le diſcours tout au long. Pour ce il me ſuffira vous en dire quelques vns des plus magnifiques, desquels pour vray la ſtructure eſt admirable.

10. Entre les autres ie mettray en auant la grande Egliſe dédiée à l'honneur de la mère de Dieu, siège de l'évesque.

Ceſt édifice a cent pas ou iambées de long, qui font quatre cens trente trois pieds, & ſa largeur eſt de ſoixante. Quant à la haulteur, elle peult avoir quelques ſoixante ſix toiſes, & eſt faite en croiſée. Je laiſſeray les colonnes & l'ouurage qui entourne le chœur et le dehors dudit temple, où il y a des ſtatues & effigies sans nombre, comme auſſi ces deux groſſes & haultes Tours quarrées, leſquelles, quand ie contemple de loin, il me vient en mémoire des deux plus haultes Pyramides d'Egypte, nombrées entre les ſept

merueilles du monde, & qui feruent auiourd'huy de
merueilles à la France, pour vous certifier en quel
temps, & par qui fut bafty ce Temple tant fumptueux
& magnifique. Du règne de Philippes, furnommé Augufte, eftoit Euefque de Paris, feptantième en nombre,
Maurice de Soliac, lequel continua le baftiment, qui
n'eftoit auancé qu'à fleur de terre (eftant toutefois
incongneu le nom de celuy qui y mit les premiers
fondemens, & les baftit tous fur des Pilotis)[1], & in-
cita le Roy à mettre la main à tel ouurage : qui fut
en l'an mil cent nonante fix, demeurant ledit œuure
feptante & vn an deuant qu'il fuft entièrement acheué,
fçauoir l'an mil deux cens cinquante fept. En ceft
Euefché a eu cent cinq Euefques depuis l'Apoftre de
France, Sainct Denys l'Aéropagite, iufques à celuy
qui fied à préfent, qui fait le cent feptiéme : Prélat,
dy-ie, honorable, & de famille bien renommée de la
maifon de Gondy. Entre lefdits Euefques plufieurs
ont flori en grande preud'hommie & faincteté de vie,
& remplis de fçauoir : comme le fufdit Sainct Denys,
le premier qui y planta la Foy, natif de fix lieues
d'Athènes, d'vne villette nommée des Juifs *Cheliée*,
& auiourd'huy *Perdica*[2], en langue grecque vulgaire,
du nom de fon premier fondateur, quatrième Roy des
Macédoniens, dit *Perdiccas*, qui viuoit du temps

---

1. Cette croyance erronée a persévéré jusqu'à nos jours.
2. Thevet, dans ses pérégrinations, avait sans doute visité le lieu de naissance de saint Denys l'Aéropagite pour en parler avec tant de détails.

d'*Ézéchias* ou *Hijkia* le tyran, douzième Roy de Judée, deuant Noftre Seigneur fept cens quarante, & de *Cécrops* Athénien. Les Grecs du païs me montrèrent le lieu de fa demeurance, & où iadis il philofophoit : les œuures duquel font affez apparoir de l'excellence de fon efprit, & du zèle qu'il auoit à la Religion. Les autres ont efté Sainct Germain, Sainct Landry, & Sainct Marcel : & depuis ce grand perfonnage Pierre Lombard, Docteur en Théologie, les labeurs duquel font eftimez & recueillis par toute la Chreftienté : qui en fon temps fut tant prifé, que Philippes, Archediacre de cefte Eglife, fils du Roy Loys le Gros, eftant efleu, luy céda à l'élection, voulant qu'il euft cefte charge, comme digne d'icelle : ce qui aduint enuiron l'an de grâce mil cent quarante. Il eft enterré à Sainct Marcel-lez-Paris, iadis ville clofe, qui fut ruinée, bruflée & pillée par les Goths Arriens[1]. J'ay veu & leu souuentefois fon épitaphe cy deffoubz tranfcrit :

11. HIC IACET
MAGISTER PETRVS LOMBARDVS
PARISIENSIS EPISCOPVS,
QUI COMPOSVIT LIBRVM
SENTENTIARVM,
GLOSAS PSALMORVM, ET EPISTOLARVM,
CVIVS OBITVS DIES
EST XIII KALENDAS AVGVSTI.

1. Ce détail paraît apocryphe.

Il mourut l'an mil cent foixante & quatre. Ladite Eglife de Sainct Marcel fut fondée par Roland, comte de Blaies, nepueu de l'Empereur Charlemaigne [1].

12. Ce fut en l'Eglife Noftre Dame, que Philippes de Valois, ayant vaincu les Flamans, l'an 1328, & eftant de retour à Paris, entra tout armé à cheual, iufque deuant le Crucifix, pour rendre grâces à Dieu de fa victoire : en mémoire de quoy fut mife & pofée en la nef, deuant l'image de Noftre Dame, fon effigie, armée tout à cheual, comme il apparoift par le préfent pourtraict [2], lequel ie vous ay bien voulu repréfenter icy. Quelque temps après, Edouard, roy d'Angleterre, vint deuant Paris, auec grande armée, & brufla tous les villages d'alentour. L'autre édifice des plus remarquables eft la Sainte Chapelle : la richeffe duquel, pour ce qu'il contient, ne doit rien à autre que l'on puiffe voir, eftant admirable à caufe des facrez ioyaux qui y font, & y furent apportez par ce bon Roy Loys, qui entre les Princes François porte à bon droict le tiltre de Sainct : & ce en l'an de Noftre Seigneur mil deux cens quarante fept.

13. Auffi eftoit-ce à Paris, que faifoient volontiers les Roys leur demeure, & pluftoft qu'en autre lieu de France, où mefmes fe font tenuz maints Conciles de l'Eglife gallicane : entre autres deux, du temps de Philippe Augufte Dieu-donné, & de la Royne Ifabelle,

---

1. Le paladin des légendes.
2. Cette image n'a pas été reproduite.

sa femme, à la prière du Patriarche de Jérusalem, nommé Héraclie, Grec de nation, et du Grand-Maistre des Templiers : lesquels remontrèrent à Sa Maiesté comme ils auoient fait vn mois auparauant au Pape Lucie, troisième du nom, natif de la ville de Luques, que *Mahek*, ou en langue arabesque *Meldahel*, & des anciens Mamelus *Iasmothezel*, Saladin, successeur de *Norandin*, Roy d'Egypte, oppressoit si fort les Chrétiens d'Outre-mer, qu'ils estoient contraints quitter les villes & forteresses au Tyran. Pour lesquelles remontrances il feit assembler tous les Prélats & Princes de son Royaume en ladite ville : où il ne fut toutefois rien conclu ny arresté, parce qu'il estoit empêché aux guerres contre Richard, Duc d'Aquitaine, & Hugues, Duc de Bourgogne.

Il est bien vray que les Décimes furent accordées, que depuis on appela Décimes Saladines, d'autant qu'elles n'estoient recueillies que pour faire guerre aux Infidèles.

Soubz le Pape Grégoire, neufième du nom, & le Roy Loys, père de S. Loys, vint en France vn autre Légat, nommé *Romanus*, que ledit Pape auoit enuoyé, pour en assembler vn autre. En iceluy présida le Roy, & fut déterminée la Croisade contre les hérétiques Albigeois, qui auoient infecté tous les païs d'Auignon, Daulphiné, Prouence & Languedoc : contre lesquels alla le Roy en propre personne, accompaigné du Légat, & print Auignon & Tholose. Pareillement, du règne de Philippes le Bel, l'an de Nostre Seigneur mil deux cens quatre vingts & fix, s'y en tint encores vn contre les abuz du Pape Boniface, huictième du nom, l'vn des arrogans [1] Preftres qui fut iamais en l'Églife Romaine, lequel brauait d'vne telle forte le Roy, qu'il ne le menaçait que de le priuer de fon Royaume, s'il euft peu. Ie ne veux pas ici omettre deux autres conciles, célébrés en la mefme ville, du temps du Roy Charles fixième, pour le diuorce [2] de deux Antipapes (qui fut le vingt deuxième fcifme de l'Églife Latine) auquel fe trouua le Roy, tous les Éuefques & Prélats de la Gaule, & à fa prière cinq des Païs-bas, & huict d'Angleterre & d'Efcoffe.

14. Au refte, il nous fault voir la magnifique ftructure du Palais Royal, où à préfent s'affemblent ceux du diuin Sénat de France, que nous appelons Parlement. C'eft vne chofe non pareille, ne defplaife à toutes les Cours fouueraines des Roys Chrétiens de l'Europe. Ce fuperbe édifice eft au chœur [3] de l'Ifle de Paris, & vient finir à la poincte qui regarde le Nord-Oeft : en laquelle furent autrefois les Eftuues & Iardins du Roy. Il eft tout clos de bonnes & fortes murailles, auec des tours de tous coftez, & le refte de l'édifice fi bien fait & à profit, que ie penfe que ce foit la maifon la plus durable de France. Ie laiffe les chambres, antichambres & cabinets, pour parler de

1. L'épithète est un peu vive.
2. Déposition.
3. Cœur, au centre.

la falle, qui eft des plus grandes qu'on puiffe voir, contenant près de trois cens pieds de long, & cent de large : en laquelle font efleuées toutes les effigies des Roys, qui ont efté au Royaume depuis Pharamond iufques à François fecond du nom. Il fut bafty du temps de Philippes le Bel, par Enguerrand, comte de Longueuille, & fuperintendant des Finances, enuiron l'an de grâces mil deux cens nonante fix : non pas pour tenir la Cour, comme l'on fait à préfent, ains pour le Palais & demeurance du Roy.

Quant audit Parlement, il fault entendre, que Pépin le Bref[1], père de Charles le Grand l'inftitua : & eftoit pour lors l'Affemblée des Princes (que depuis on appela Pairs de France), & d'aucuns Euefques & notables Cheualiers, & hommes pleins de fçauoir & de prudence. Ce Confeil & Parlement alloit toufiours auec le Roy, iufques à temps que Loys Hutin, en l'an de grâce mil trois cens quinze, ordonna que ladite Cour feroit ordinairement & à toufiours à Paris, à fin de foulager les pourfuyuans, qui faifoient trop de frais à fa fuyte.

15. Vray eft que, nonobftant qu'auparauant le dit Parlement fuft ambulatoire, les caufes d'importance fe vuydoient à Paris feulement : ce qui fut pratiqué par le Roy Sainct Loys à l'endroit des fucceffeurs de Thibault, comte de Champaigne, qui eftoient en débat :

---

1. Le Parlement ou assemblée des pairs remonte à l'origine de la monarchie. On attribue à Philippe le Bel l'institution du Parlement ou assemblée des légistes.

& après luy par Philippes le Bel, qui ordonna qu'il y feroit tenu deux fois l'an, fçauoir à Noël, & à la Chandeleur : & eftoit cela, comme de frefche mémoire on a tenu les grands Iours en aucuns lieux, où il n'y auoit Parlement.

16. L'autre ornement de Paris eft le nouueau Chafteau du Louure, lequel a efté commencé à baftir de noftre temps par François premier, & continué par Henry fecond, François fecond, & Charles neufième à préfent régnant, en telle magnificence, que facilement, voyant l'imitation de l'antiquité, tant ès colomnes, bafes, foubaffemens, architraues, cornices, ftatues, foit de marbre, ou d'autre pierre, on iugera que c'eft l'entreprife de grands Roys, & Monarques d'vne riche Prouince.

J'ay cy deuant déduit qui fut celuy qui inftitua l'Vniuerfité : mais de fon fuccez heureux, le fruict en a efté tel, que iamais Athènes, ne l'Égypte n'ont tant flory qu'ont fait les eftudes à Paris, & où tant d'hommes excellens ayent fait luyre leur fcience en toutes langues & en tous arts. Si du temps d'Augufte Céfar on a veu de bons efprits à Rome, nous en auons plus cogneu de noftre aage en cefte Vniuerfité, où la Théologie, Médecine, Droict canon, Philofophie, Mathématiques & autres fciences ont efté & font enfeignées en toutes langues, auec telle perfection, que ie ne say fi les anciens Grecs, Romains, Thébains, voire les Gymnofophiftes Indiens, s'ils eftoient refufcitez, s'esbahiroient point de voir une telle Acadé-

mie florir. Plufieurs Roys & Princes, qui ont fondé
les Collèges qui s'y voient auiourd'huy, les ont enri-
chis tant en biens qu'en priuilèges : entre autres
l'Empereur Charlemaigne, duquel ie vous ai ailleurs
parlé : & après luy Philippes Augufte, par Lettres
données de l'an mil deux cens, & confirmées par le
Pape Innocent troifième, Champenois : faifant ledit
prince de fon temps florir cefte Vniuerfité d'hommes
doctes, & y appellant ce grand Orateur & Légifte
Odofredus, & pour la langue Hébraïque *Iafiel*
& *Ali-aben*, l'vn des plus experts Aftrologues qui
furent iamais en l'Europe, & Saxo Grammairien[1],
tant connu par fes efcrits. Mefmes l'an mil deux cens
cinquante deux, Robert, frère du Roy Loys, fit baftir
le Collège, qu'on nomme de Sorbonne, duquel font
fortis de braues Théologiens, & lumières, non feulement de cefte Efchole, mais de tout le monde. Depuis lequel temps furent faits pour la réformation de
ladite Vniuerfité plufieurs ftatuts & ordonnances,
pour mieux authorifer fes priuilèges, libertez, droicts
& immunitez. Ie n'ay que faire icy de vous ramenteuoir, tant l'élection du Recteur, que l'inftitution des
Lecteurs Royaux, d'autant que chacun eft affez aduerty, qu'ils furent ordonnez par François, premier
du nom, reftaurateur des bonnes lettres, & ce, de

---

1. Saxo Grammaticus ou Longus, historien danois, mort vers
1204, n'a jamais occupé de chaire dans l'Université de Paris, non
plus que les autres doctes personnages cités : Odofredus, Jasiel,
Ali-aben.

douze en nombre, tous falariez des deniers de Sa Maiefté. Touchant les antiquitez de Paris, elles ne fe peuuent à préfent voir, la ville ayant ainfi efté defcouuerte & fouillée de longtemps : mefmement les Thermes ou Bains, qui eftoient du cofté de Gentilly, ne fe trouuent plus, non pas la feule trace, iaçoit[1] que c'euft efté vne grande commodité à la ville, fi l'on euft continué ces Aqueducts pour l'arroufement de la haulte partie d'icelle.

17. En outre, ie ne veux oublier, que le grand Chaftellet, que aucuns follement attribuent aux Anglois, fut bafty par Marc Antonin[2], dit le Philofophe, qui demeura trois ans à Paris, après auoir fubiugué vne partie d'Efpaigne : & ce en l'an cent foixante & vn après Noftre Seigneur : lequel l'ayant fait efleuer & enuironner de grands foffez, où entroit la riuière, (que Childéric, Roy de France, fit depuis remplir de grauier), & laiffé vne colonie dedans, print le chemin pour aller guerroyer les Allemans.

18. En fomme, Paris eft arroufée de la Seine, fleuue autant plaifant & doux, que la Marne, qui y tombe, eft dangereufe : & fur lequel les vaiffeaux marchans portent & rapportent leur marchandife fans grande incommodité, n'eftant ni trop violent, ne trop pareffeux & lent en fon cours, & portant tel faix que la mer ne luy en ofte point l'honneur : de forte que

---

1. *Quoique, bien que*, vieux français.
2. Cette opinion est destituée de toute preuve.

ie l'oferois nommer le prince de tous les fleuues. L'eau en eft la meilleure à boire du monde³, ne defplaife au Tibre Romain, au Nil Egyptien, ne à celuy de Sénégal, duquel ie vous ay amplement difcouru, parlant d'Afrique : & eft de telle force, que quelque autre fleuue qui fe mefle auec luy, fi eft-ce qu'il le fait contenir foubz fon cours, & le retient en fes limites, qu'il n'outrepaffe guères fouuent, fi les neiges d'Auuergne, Bourgongne & autres, ne font trop grandes, comme il aduint l'an mil cinq cens foixante & vnze, & foixante & douze, qu'il fe desborda fi villainement, qu'il gafta tout le plat païs, & ruina grand nombre de maifons, par fa trop grande violence, là où il paffoit : eftant fi enflé, que l'on ne pouuoit aller à la Place Maulbert, en Greue, ne en beaucoup d'endroits dans la Ville, que par bateaux : tellement que la populace eftimoit eftre aduenu vn fecond déluge. Auprès de Charenton, à vne lieue de Paris, où fe ioint cette riuière auec celle de Marne, ceux qui voyagent, laiffent à droiçt ou à gauche vne poinçte de terre faite en Péninfule, où iadis fut elleuée vne colomne de marbre de quelque trente pieds de haulteur, & huiçt en groffeur : au fommet de laquelle eftoit pofé le fimulachre de Mercure, & auprès vn Autel dreffé en l'honneur d'iceluy, où fe faifoient

---

1. Plusieurs des historiens de Paris ont vanté la salubrité des eaux de la Seine. Voir dans la *Collection des anciennes Descriptions de Paris*. Marolles, p. 306, qui entre dans quelques détails à ce sujet.

plusieurs sacrifices. J'estime que ce fut ce Iulian, duquel j'ay ailleurs parlé, qui la fit dresser, pour l'im-

MONUMENT ROMAIN AU CONFLUENT DE LA SEINE ET DE LA MARNE
d'après la Cosmographie universelle (1575).

mortelle & perpétuelle renommée qu'il désiroit acquérir, y ayant fait soubzcrire ces mots :

VIRTVS AVGVSTORVM.

19. Le peuple Parisien, qui lors idolâtroit, ne se sou-

uenant de la doctrine que luy auoit prefché ce Docteur grec Sainct Denys, alloit parfois adorer cefte gentille Idole, & fe mettoit à genoux deuant icelle, affiftant aux facrifices & immolations des beftes, que faifoient les Preftres fur ledit Autel. Lefquelles cérémonies fe peuuent voir encor aux anciennes Médalles de Domitian & de Géta, & la repréfentation pareillement des facrifices qui fe faifoient en leurs ieux féculiers : comme auffi i'ay obferué tels geftes déuotieux, de mettre les genoux en terre, dedans quelques Médalles dudit Domitian, que i'ay apportées d'Egypte, autour defquelles eftoient efcrit :

Imp. Cæs. Domit. Avg. Germ. Cos. xii. Cens. per. P. P.

& au renuers un Temple repréfenté auec ces deux lettres : S. C., & plufieurs peuples à genoux autour d'iceluy. Parquoy ie vous ay bien voulu effigier ladite colomne[1], & comme ces riuières prennent leur cours, iufques à Paris. Et à fin que le Lecteur n'ayt à fe mefcontenter de la diligence par moy faite[2], ie vous veux encore icy ramenteuoir, que l'an mil cinq cens foixante cinq, affez près de ce lieu, l'eau ayant miné

---

1. Voir la gravure, p. 27.
2. Thevet aurait dû nous faire connaître où il avait trouvé la mention de cette colonne élevée à Mercure; le fait est possible, mais non avéré, pas plus que l'attribution du monument à Julien l'Apostat. L'invention de médailles, non loin de là, ne prouve pas suffisamment l'existence d'un autel et d'un culte public au dieu du commerce en cet endroit.

la terre, fut trouué vn grand nombre de Médalles de bronze, voire quelques vnes d'or & d'argent, & qu'en eſtant aduerty, ie me tranſportay iuſques ſur les lieux, en la maiſon d'vn peſcheur, lequel m'en donna pluſieurs. Entre autres, & les plus nettes de toutes, furent quatorze de l'Empereur Aurélian, autour deſquelles eſtoient eſcrits ces deux mots : Soli invicto, & de l'autre part : Or. Avgvsti : & en d'autres : Trivmphvs Cæsaris, & au renuers : Providentia Avgvsti : & infinies ſemblables, deſquelles ie ferois trop long à vous en diſcourir, qui voudra voir plus à plein les louanges de Paris, il congnoiſtra qu'il n'y a Cité ſoubz le Ciel, qui puiſſe luy eſtre eſgalée, & que c'eſt l'aſſiette de ville la plus belle de tout le monde.

20. A deux lieues d'icelle eſt baſtie S. Denys, ville aſſez nouuelle : d'autant qu'elle a eſté faite par Dagobert, qui y fonda l'Egliſe baſtie en l'honneur de ce Saint, lequel auoit eſté martyriſé ſoubz Domitian, Empereur, en vne colline, nommée le Mont de Mercure, que à préſent on appelle Montmartre, qui ſignifie la Montaigne des martyrs, l'vn des plus beaux lieux d'autour de Paris, & où l'on peult deſcouurir la plus part de la ville.

21. C'eſt ce Mont qui fournit le plaſtre, dont on vſe auiourd'huy à baſtir maiſons & chaſteaux, lequel toutefois n'eſt inuenté pour cela, ſinon ſoubz Philippes le Long, l'an du monde cinq mil deux cens ſeptante ſept, & de Noſtre Seigneur mil trois cens dix-huict.

22. Le premier qui le mit en vſage, fut vn Ma-

rane[1], qui de Iuif receut le Chriftianifme, nommé
Oziel, fils d'vn Beniamin, Preftre de la loy Iudaïque,
qui fe tenoit audit Montmartre, où lors y auoit vne
Synagogue [2]. Auparauant les maifons de Paris eftoient
bafties en partie de pierres & de chaux, qui ne couf-
toit en ce temps-là que quatre liures parifis le muy,
& les autres la plupart de bois : dont aduenoit qu'elles
eftoient fubiettes à brufler.

23. Par la recherche que i'ay faite, ie trouue, que
ladite ville a efté bruflée depuis l'an de noftre Seigneur trois cens foixante fix, duquel temps regnoit
Clogio[3], en Gaule, & Damafe, Pape, Efpaignol de
nation, iufques à Loys Hutin, Roy de France & de
Nauarre, cinq fois : non pas que ie vueille maintenir
qu'elle brufla toute, mais quelques rues : comme
foubz le règne de Clodion le Cheuelu, qui fuccéda à
Pharamond, toute la rue de S. Antoine, iufques affez
près du Temple [4], & trois autres furent bruflées, & n'y

1. Marrane ou Marane, juif ou mahométan converti, comme il
y en avait beaucoup en Espagne. De là vient que l'on appliqua ce
nom par mépris d'abord aux Espagnols, et plus tard à tout homme
vicieux.
2. Les Romains connaissaient l'emploi du plâtre. A une certaine
époque, le gypse ayant été mal préparé, on l'abandonna pour
revenir au mortier. Comme le fait observer Thevet, les maisons
ordinaires à Paris étaient construites en bois, faciles à incendier.
Oziel, au xive siècle, ne fit que remettre en honneur un procédé
déjà ancien et recommencer l'exploitation des carrières de Montmartre.
3. Clodion.
4. L'existence de la rue Saint-Antoine sous Clodion le Chevelu,
fils de Pharamond, est un anachronisme qui n'embarrasse pas
Thevet. L'existence de ces princes étant admise, il faudrait prou-

resta que les fondemens, pour la violence des vents qui durèrent neuf iours & neuf nuits sans cesser de souffler : lequel désastre on estimoit estre aduenu par punition diuine, ainsi que autrefois par interualle est aduenue telle fortune. Or, pour reuenir à S. Denys, depuis que cette basilique fut dressée, la plus part des Roys y ont esté inhumez : & y en a bien peu, qui ayent voulu choisir autre lieu de sépulture, si ce n'a esté par quelque déuotion particulière : comme Loys vnzième, qui commanda estre mis à Nostre Dame de Cléry, qu'il auoit fait bastir, & autres ailleurs. Aussi a ce esté vne obseruation saincte de toute antiquité que les Roys eussent vn Mausolée propre que comme entre ceux de Iuda, la Cité de Dauid leur seruoit de Basilique, & lieu de repos de leurs ossemens que i'ay veuz tant en Iérusalem, que au païs de Iudée. Voire les Roys tant barbares soient ils en Asie, Afrique, Europe, & mesme entre les Sauuages, qui n'ont cognoissance de Dieu, font vne pareille obseruation, tant le droict de sépulture leur est en recommandation : & pour rien ne désenterreroient les corps morts, ou brusleroient les ossemens des trespassez, ainsi que nous auons veu faire de nostre temps à quelques vns mal affectionnez à la Religion Chrestienne[1]. Ie ne veux icy déduire les faits & gestes de noz Roys, le

---

ver qu'ils vinrent à Paris, qui était à leur époque renfermé dans la Cité ; la rue Saint-Antoine était tout au plus un sentier dans la campagne. Le Temple n'était pas encore bâti.

1. L'auteur n'est pas partisan de la crémation.

lieu n'y eſtant commode, ioint que ce n'eſt mon entrepriſe : & me ſuffira de dire que la France en a eu ſoixante depuis Pharamond. Ie laiſſe à part les épitaphes de ces grands Princes, deſquels aucuns ſont ſi vieux, qu'on n'en peult auoir entière cognoiſſance. Voilà quant à Paris, ſans que toutefois ie vueille oublier de dire, que ceſte ville fut prinſe par les Anglois, & rendue l'an mil quatre cens trente ſix, du règne de Henry ſixième : celuy qui ſe fit couronner Roy de France, en l'Egliſe dudit lieu, par ſon oncle, Cardinal de Vinceſtre.

24. Non loin d'icelle ſe voit le chaſteau du Bois de Vincennes, baſty par Charles le Quint, ſurnommé le Sage, & clos par Philippes Auguſte : celuy meſme qui feit pauer les rues de Paris, & baſtit les Halles, auec les murailles de Sainct Honoré, de Sainct Martin des Champs, & celles de Sainct Antoine. On voit encore celuy de Madry[1], dreſſé par François le Grand, qui auſſi renouuella le baſtiment de Sainct Germain en Laye. D'autre part eſt le lieu de Meudon, recommandable pour les antiquitez que i'ay veues dedans, & pour ſa croteſque[2], garnie tant de ſtatues & effigies antiques de marbre que de bronze. A quatre lieues de ceſte ville, vous auez l'ancienne maiſon de Montmorancy, en laquelle ont veſcu de

---

1. Le château de Madrid.
2. Les grottes et jardins de Meudon étaient célèbres. Voir dans la *Collection des anciennes Descriptions de Paris*. De La Roche-Maillet, p. 51.

grands perfonnages, & fidèles à la couronne de France : le Chafteau de laquelle, auec plufieurs autres places voifines, fut bruflé iufques aux fondemens par le Prince de Galles & autres Seigneurs Anglois, l'an mil trois cens cinquante huict.

25. Nous auons veu & cogneu de noftre temps l'vn des premiers Seigneurs, & le plus célébré en toute l'Europe, qui fut onques en cette maifon, fçauoir ce grand Anne de Montmorancy, lequel par fes haultes vertuz & bon confeil, fut éleué en honneur, l'ayant mérité, du temps de François premier, quelques années après auoir efté nourry ieune en la maifon du Duc de Longueuille, où il fut prins par le commandement du Roy Loys douzième, & par luy donné au Roy François, lors eftant à la fleur de fa ieuneffe, nourry au Chafteau d'Amboife, le feruant enfant d'honneur. Et veu fa loyauté, & feruice fait après l'aduenement de fon Prince, tant au voyage de Naples, ayant foubz fa conduite fix mille Légionaires, que à Pauie : & depuis fait tefte plufieurs fois à l'Empereur Charles le Quint, & chaftié l'orgueil des fuperbes Anglois, fut fait Conneftable de France, au lieu de feu Loys de Bourbon, occis à Rome. Ce vénérable vieillard fur fes vieux ans, au lieu de repos, après auoir feruy de Confeil fidèlement à cinq Roys, fut malheureufement meurdry à la bataille de Sainct Denys, l'an mil cinq cens foixante huict : defquels coups, foit de couftelaz ou piftoles, mourut quelques iours après au lict d'honneur, au grand regret du Roy

& de la Noblesse Françoise, laissant aussi désolée sa très catholique & religieuse femme, descendue de l'illustre maison de Sauoye, & quatre enfans masles, sçauoir le Seigneur de Montmorancy, Mareschal de France, le Seigneur d'Anuille, Mareschal aussi, le Seigneur de Méru, & celuy de Thoré. Au reste, à huict lieues de Paris, se présente Dammartin, maison & famille fort ancienne. Du règne de Philippes, premier du nom, Roy de France, comme le Seigneur d'icelle ville se fust rangé du party des Anglois, ledit Roy, après auoir fait bastir le Chasteau de Montmélian, vint mettre le siège deuant celuy dudit Seigneur, qui estoit lors autant fort, qu'autre qui fust en l'Isle de France : & depuis s'estant retiré à la Fleur-de-Lys [1], ont esté bons seruiteurs de noz Roys. Toutefois ie ne me puis tenir de dire, que ceste villette n'ayt esté cause de beaucoup de maux en nostre France, pour les querelles & diuorces qui en sont venus de nostre temps. Près de Paris vous auez vne autre petite ville, nommée Argenteul, où est la Robbe de Jésus Christ, dans vn prioré fondé par Charlemagne. Ce fut bien près de ce lieu, que les Anglois perdirent vne bataille, l'an de grâce mil deux cens quinze, soubz la conduite de leur Roy Iean [2].

26. De mon temps a esté trouué au lieu où aduint

---

1. S'étant soumis au roi.
2. Jean sans Terre ne s'approcha jamais si près de Paris à la tête de ses troupes ; les hostilités avec Philippe-Auguste ne dépassèrent pas le Vexin.

ce conflict, vn riche thréfor foubz terre, par vn vigneron, faifant vne foffe pour prouigner un cep de vigne.

Ce gaigne-denier, dy-ie, ayant leué vne groffe pierre, trouua deux eftriers, vne maffe, la ferrure d'vne grande Efcarcelle, garniture d'Efpée, vn certain Corcelet, & plufieurs autres pièces, le tout fait à l'antique, n'ayant lors ce thréfor forme d'or, ains de vieille ferraille : & en chargeant une hotte pleine, porta le tout en fa maifon : là où il fut long temps fans s'apperceuoir que ce fuft métal fi précieux, iufques à ce qu'aduerty par vn fien voifin, que ce pourroit eftre quelque cas de bon, il en porta la plus grande part à vn marchand changeur de Paris, qui fceut très bien en faire fon profit, & du refte pareillement. De quoy eftant aduerty le Souuerain du lieu, & difant luy appartenir : femblablement le Prieur d'Argenteul y prétendant droict : & vn tiers quidam, qui affermoit en auoir le don du Roy : tel procez en eft iffu, qu'il eft paruenu iufques à la Cour de Parlement, & n'a efté encore, comme i'eftime, définitiuement iugé à qui ce thréfor peult appartenir[1]. Il y a plufieurs autres villes & villettes autour de cefte Ifle de France, defquelles ie me déporte pour le préfent de parler, pour n'oublier ce qui eft aduenu de mon temps à Paris.

---

1. Le procès du trésor d'Argenteuil a-t-il eu une fin? Il est permis d'en douter, vu les sages lenteurs de la justice en pareille matière, et les guerres civiles qui donnèrent lieu à d'autres préoccupations. Les pièces dont il se composait, d'après l'énumération sommaire de Thevet, ne paraissent pas plus que la matière précieuse convenir au XIIIe siècle.

27. C'est que l'an mil cinq cens soixante trois [1], le vingt huictième de Ianuier, deux heures après midy, se fit vn si grand tonnerre & esclat de l'Arsenal, près de la Bastille, du feu qui se print aux pouldres, qu'en vn instant le lieu, où on les faisoit, fut renuersé, & plus de deux mille maisons dans Paris tremblèrent si fort, que les verrières & chassis estans cassez & ruez par terre, grand nombre de personnes y perdirent la vie, les vns soubz les maisons, crians qu'on leur donnast secours (ce qui ne se pouuoit faire si promptement), les autres qui auoisinoient ce dit lieu, enleuez en l'air, ou si furieusement poussez contre les murailles & apentils des maisons, que l'effigie de leurs corps dépeinte de leur propre sang, donnoit grand pitié à ceux qui regardoient tels misérables spectacles : & ne peut on iamais sçauoir qui en furent les boutefeux [2]. En laquelle année, vn ieune Escholier, aagé de vingt cinq ans, oyant Messe à Sainct Estienne du Mont, print par force l'Hostie d'entre les mains du Prestre, & eut le poing coupé le mesme iour, & pendu à la place Maubert.

28. Quelques années après s'apparurent plusieurs monstres en France, mesmement en ladite ville, l'an mil cinq cens soixante huict, soixante neuf, & soixante & dix : là où ie puis dire auoir veu en vie deux enfans ioincts ensemble par le bas, n'ayans tous deux

---

1. Vieux style.
2. L'explosion qui detruisit la tour de Billy avait eu lieu vingt-six ans auparavant, le 30 juillet 1536.

qu'vn feul nombril, iambes & pieds à l'oppofite, & euffiez iugé eftre vn monde renuerfé. L'année auparauant, en la ruë S. Honoré, ie vey vn chat, ayant deux mufles & trois yeux. Deux mois après, me furent montrez en la mefme ville quatre autres chats s'entretenans enfemble : vn Cheual ayant cinq pieds, vne Poulle quatre, vn Veau cinq iambes, defquelles l'vne eftoit fur fon efchine : vn Pigeon auec quatre ailes, quatre iambes & pieds, vne feule tefte, deux becs & quatre yeux : & vn Mouton ayant deux teftes & vne queuë, approchante de celle d'vn Lyon. Pareillement fut veu affez près de Melun vn Enfant ayant les pieds & mains comme les pattes d'vne grenouille. Ie me déporte vous en amener d'autres en ieu, pour n'en eftre fi affeuré, que ie fuis de ceux que ie viens de vous defcrire, attendu que ie les ay veuz de mes propres yeux[1], comme dit eft. Somme, que toutes ces chofes eftranges ne préfageoient que les malheurs & calamitez que nous auons veu eftre depuis aduenues en noftre France, affligée & tourmentée de guerres ciuiles & féditions.

---

1. Les monstres ne manquaient pas à cette époque, d'après le récit de Thevet, qui a bien pu voir ce qu'on a voulu lui montrer; il était assez naïf et crédule pour le croire et le vouloir persuader à d'autres.

APPENDICE

I

LA BIÈVRE : LA RIVIÈRE, LE VILLAGE.

THEVET, parlant de la Bièvre (voir p. 10) dans sa description de Paris, est tombé dans une série d'erreurs qu'on ne s'explique pas. Une simple note, au bas de la page, n'eût pas suffi à rétablir la vérité, aussi avons-nous rejeté à la fin de l'ouvrage ce que nous croyons devoir dire pour rectifier les assertions du chroniqueur. Comment Thevet qui a résidé assez longtemps à Paris n'a-t-il pas eu la pensée de visiter cette vallée? Où a-t-il trouvé un Louhans à trois lieues d'Arcueil, Bièvre à huit lieues de Paris, et que la rivière était surnommée d'Anjou? Lui qui avait fait de longs voyages d'exploration ne devait pas craindre une petite excursion; il aurait vu que la rivière sortait du coteau de Satory, non loin de Buc, et non auprès du village de Bièvre, qui n'est qu'à quatre lieues de Paris. On trouve deux localités du nom de Louhans dans le centre de la France (Indre-et-Loire et Saône-et-Loire), qui n'ont rien de commun avec la Bièvre; aucune des localités qui existaient à cette époque dans les environs ne porte de nom qui s'en approche.

L'abbé Lebeuf, qu'on ne saurait comparer à Thevet, en analysant l'histoire du village de Bièvre, est pris d'un doute, à savoir si c'est la rivière qui a donné le nom au lieu, ou si c'est le lieu qui a donné le sien à la rivière; c'est ce qui n'est pas encore décidé [1]. Renchérissant sur ses devanciers, un auteur moderne, après avoir cité ce passage, ajoute : « Cette grave question fût-elle résolue, on ignorerait l'origine du nom. Les savants n'ont pu ni la découvrir ni l'inventer. » Ce double problème n'est pas insoluble. Lebeuf lui-même semble l'avoir résolu en adoptant le sentiment d'Adrien de Valois [2]. Sa conclusion est « que la rivière est constamment plus ancienne que le village qui a le même nom et que ce nom a une terminaison qui est plus ordinaire pour les rivières que pour les villages. »

De plus, continue l'abbé Lebeuf, que nous résumons, pourquoi avoir laissé couler la rivière trois lieues sans la nommer, ou ne pas l'avoir appelée Buc ou Jouy, qui sont entre Bièvre et sa source? Cependant, sans se prononcer ouvertement, il explique le fait par une prééminence de localité.

Voilà pour le premier point. Quant à l'étymologie du

1. Lebeuf. *Hist. du diocèse de Paris*, t. VIII, p. 409.
2. Adrien de Valois. *Notice des Gaules*.

mot, il est encore plus réservé; cependant il cite Prud-homme[1], qui, à l'article Bièvre, près Versailles, s'exprime ainsi : « C'est à des animaux aquatiques appelés bièvres, plus connus sous le nom de *loutres*, que ce bourg, situé sur la rivière de Bièvre, doit sa dénomination. »

D'autres exemples confirmeront ce fait. Dans la *Vie de saint Germain*, évêque de Paris, le nom latin de cette rivière est *Biber* ou *Biberis*[2].

On trouve encore dans Prudhomme trois localités de ce nom en France, toutes trois situées sur des rivières et dont deux s'appellent Bièvre : *Biber-Kirck*, proche Sarrebourg, et *Bibrax* chez les Rèmes, toutes deux citées par Lebeuf[3].

A propos de ce Bibrax, il rappelle un passage de César[4] pour montrer qu'il s'agit non de Laon, mais de ce Bièvre, d'accord sur ce point avec Danville, qui s'exprime ainsi : « En effet, on trouve Bièvre, qui conserve évidemment le nom de Bibrax[5]. Napoléon I*er*, dans son *Précis des guerres de César*[6] et dans ses notes sur les *Commentaires*[7], est de cet avis. Ce Bibrax des Rèmes est sur un ruisseau qui se jette dans la Lette[8]. Autun est bâti sur l'Arroux, qui baigne ses anciennes murailles; deux autres petites rivières qui prennent leur source au midi, la cernent presque entièrement avant de se jeter dans la première.

---

1. Prudhomme. *Dict. universel de France*.
2. La Martinière. *Dict. de géographie*, v° *Biberis*.
3. *Journal de Verdun*. 1749. p. 141; 1750, p. 36 et 150.
4. Jules César. *De bello gallico*, l. II, c. VI.
5. Collection des classiques Lemaire. Jules César, t. IV, p. 209
6. Collection Nisard. Jules César, p. 333, notes.
7. E. Desjardins. *Alesia*, Appendice, notes 13 et 14, p. 149.
8. R. de Vaugondy. *Carte du gouvernement général de l'Ile-de-France*.

Sur l'autorité de d'Anville[1], Autun semblait avoir été bâtie sur l'emplacement de l'ancienne Bibracte, les découvertes modernes me permettent de maintenir cette assimilation, surtout quand on connaît le mont Beuvray. Le nom de *Beuvray*, traduit dans les chartes du XIIIe siècle, par le mot *Biffractum*, — ses deux cimes auraient pu lui mériter celui de *bis fractum*, — présentait une analogie évidente avec Bibracte; pour justifier et expliquer l'origine de cette appellation, ce ne sont pas les cours d'eau dont les bords ont pu être fréquentés par les bièvres à une époque reculée qui manquent dans ces cantons.

Le village de *Biberach*, en Suisse, près du Rhin, est assis également sur une rivière qui se jette dans ce fleuve. De plus, il existe une ville de Souabe qui a conservé son ancien nom de *Biberach*; il n'est pas inutile d'observer que *Biber* en allemand signifie *castor*, que cette ville est bâtie sur une rivière nommée *Biber*, qui se jette dans la Russ, sous ses murs, et qu'enfin, pour armes parlantes, elle a un castor ou bièvre.

On ne peut après cela refuser d'admettre que les rivières et les localités du nom de Bièvre n'aient été ainsi nommées à cause de la fréquentation des loutres dans ces endroits, où on les chercherait peut-être vainement aujourd'hui : les hommes détruisent ces intéressants animaux pour se parer de leurs dépouilles. On peut remarquer également que toutes ces rivières du nom de Bièvre, ou près des localités de ce nom, sont des cours d'eau peu considérables; on sait d'ailleurs ce qu'est un bief de moulin, dont le nom s'est conservé dans notre langue.

Cette étymologie, tout à la fois simple et naturelle,

---

1. D'Anville. *Éclaircissements géographiques.*

s'accorde parfaitement avec la position des lieux du nom de Bièvre, toujours situés sur une rivière; on ne peut nier d'ailleurs que le castor d'Europe ne s'appelât autrefois *bièvre*, qui n'est que le celtique *biber* francisé. Les Romains avaient aussi ce mot, mais ils le transformèrent en changeant le B initial en F : de là *Fiber*, bièvre, loutre ou castor [1]. *Biber* serait la forme originaire d'un mot dont la force de la prononciation a fait *Bibrax* chez les Rèmes, *Bibracte* chez les Éduens, *Biberach* en Suisse et en Allemagne. La désinence *ac* ou *ach* est un suffixe possessif et d'excellence qui ne change rien à la signification des noms [2]. Des informations récentes nous permettent d'affirmer que l'on trouve encore dans la Bièvre parisienne et aux abords du village de Bièvre quelques bièvres,

Il en est jusqu'à trois, si je sais bien compter,

qui se conservent dans le pays, malgré toutes les chances de destruction et la guerre qu'on leur fait. Comme Biberach, Bièvre devrait adopter une loutre pour armes parlantes.

II

L'impression de ce volume était terminée, lorsque M. Ferdinand Denis nous communiqua un curieux document que nous avons l'avantage de pouvoir reproduire : c'est le dessin d'une tapisserie faite par ordre d'André Thevet. Il provient du fonds Gaignières et se

1. Pline le Naturaliste.
2. Moët. *Antiquités de Noyon*.

trouve maintenant à la bibliothèque Bodléïenne à Oxford.

Sur la feuille sur laquelle est appliqué le dessin on lit au crayon : « Aux Cordeliers près la chapelle du Saint Sépulchre, où il est enterré dans le chœur, en novembre 1552. »

Nota. — J'ai cru lire 1592, — c'est le dessinateur qui parle, la date au crayon étant effacée et corrigée. Cette dernière date est, en effet, celle de la mort de Thevet. Voici l'interprétation du dessin :

Au premier plan, à droite, André Thevet est en prière sur un prie-Dieu, une palme à la main, sur l'épaule une croix recroisetée cantonnée de quatre croisettes, qui est la croix de Jérusalem, derrière lui, son patron, saint André, reconnaissable à sa croix. — Thevet a déjà visité Jérusalem que l'on voit dans le fond représentée par un édifice à coupole. Jésus-Christ lui apparaît sur une hauteur, accompagné des disciples d'Emmaüs, portant leur bâton de voyageur sur l'épaule, — le dessinateur les a pris pour deux Indiens, aussi a-t-il transformé leur bâton en massue, — le texte qui est dans le cadre du haut ne laisse aucun doute à cet égard :

MANE NOBISCUM DOMINE.

Sur le premier plan sont placés, de droite à gauche, plusieurs volumes in-folio, probablement les ouvrages de l'auteur, plus à gauche un pyramidon couvert d'inscriptions, les pays visités par Thevet sans doute ; sa modestie n'avait d'égale que sa crédulité.

Un cadre renfermant une inscription occupe le tiers de la bordure du haut, des rinceaux remplissent le reste, trois motifs en pendant se trouvent dans les bordures de droite et de gauche ; ce sont, en allant de haut en bas, un vaisseau, les armoiries du donateur, son image tenant d'un côté un compas, de l'autre une sphère; au bas, un second cartouche, qui contient l'inscription suivante :

André Thevet, Cosmographe de quatre rois de France, chevalier du Saint Sépulchre, après avoir visité la Sainte Cité de Jérusalem et autres contrées prises d'un pôle à l'autre, fit faire cette pièce.

Priez Dieu pour luy.

Ce second cartouche correspond à celui du haut. Deux crocodiles affrontés remplacent les rinceaux de la bordure supérieure.

Les armoiries de Thevet, reproduites en grand, diffèrent un peu de celles que nous avons données d'après l'épitaphier de l'Arsenal : de gueules à la sphère d'or, accompagnée de quinze œils d'argent disposés en orle; le chef d'azur à trois mâts de vaisseaux d'argent submergés sur une mer agitée de même.

Cette tapisserie paraît être un monument commémoratif élevé par la reconnaissance de Thevet à saint André pour le remercier des inspirations que son patron lui avait envoyées, et pour constater ce fait d'une manière durable.

Thevet s'intitule chevalier du Saint-Sépulcre, c'est-à-dire membre de la confrérie de ce nom, dite aussi des Pèlerins de Jérusalem, appelés *Palmiers* ou *Croisés*, parce qu'ils rapportaient des palmes de Judée, comme témoignage de leur voyage, et arboraient la croix suivant la coutume des anciens croisés. Cette confrérie devait son origine à quelques bourgeois de Paris qui avaient fait le voyage de Jérusalem. Saint Louis et les seigneurs qui avaient accompagné ce prince dans son premier voyage en Terre-Sainte s'y firent agréger. En 1336, dès qu'on eut donné la garde du saint sépulcre de Jérusalem aux Cordeliers, la confrérie des pèlerins choisit l'église de ces pères à Paris pour le lieu de ses assemblées. Le jour de Quasimodo était le jour le plus solennel : on y chantait la messe en grec, et le sermon prononcé était aussi en grec. Il a existé également un ordre religieux et militaire du Saint-Sépulcre; en 1489, une bulle du pape Innocent VIII l'avait réuni à celui de Saint-Jean-de-Jérusalem (Malte), mais cette réunion ne reçut jamais une entière exécution, et le révérend père gardien du tombeau du Christ, patriarche de Jérusalem, n'a jamais cessé de créer des chevaliers de l'ordre, privilège qui lui fut confirmé par S. S. le pape Pie IX, suivant les dispositions relatées dans le concordat du 23 juillet 1847. Comme religieux, Thevet pouvait-il être membre de l'ordre du Saint-Sépulcre de Jérusalem? Ce n'est pas impossible. Est-ce seulement à titre de pèlerin qu'il prenait ce nom? Il semble vouloir distinguer ces deux titres de pèlerin et de chevalier.

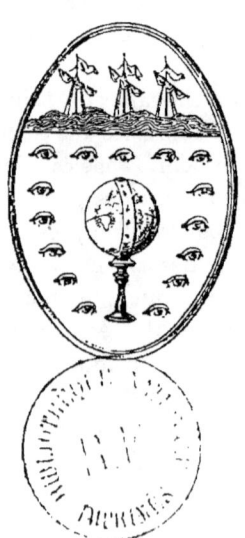

TABLE ALPHABETIQUE

DES NOMS DE PERSONNES ET DE LIEUX

Adriatique, *mer*, 1.
Afrique, 8, 31.
— *centrale*, ix.
Albigeois, 20.
Alcuin, 15.
Ali-Aben, 4.
Allemands, 25.
Ambroise, 33.
Amérique, *voir* : Etudes économiques.
— (*Caïn de l'*), viii.
Anacréon, xv.
Anglais, 15, 25, 32, 33, 34.
Angleterre, 19, 21.
Ango, 11.
Angoulesme, iv, v, xiv.
Angoulmoisine, *herbe*, xvi, xvii, xviii.
Anjou, *rivière*, 10.
Antipapes, 21.
Antiquités de Paris, *voir* : Fleur des.
Anvers, ix, x, xvi, xxi.
Anville (*maréchal d'*), 34.
Aquitaine, 20.
Arabe, 7.
Arcadie, 5.
Arcueil, 1, 10, 39, 40.
Argenteuil, 34, 35.

Arsenal (*bibliothèque de*), xv.
— *royal*, 36.
Asie, 11, 31.
— *mineure*, vi.
Assuérus van Londerzéel, ix.
Athaparis, x, xxiv, 6, 7.
Athènes, 17, 23.
Athénien, 18.
Auvergne, 26.
Aubriot (*Hugues*), 15.
Aurélien, 29.
Ave Maria, *monastère*, 15.
Avignon, 20.

Barré, xix.
Bastille, 15, 36.
Bellay (*Joachim du*), xii.
Belleforest, xiii.
Benjamin, 30.
Bertrand (*Jean*), xii.
Bibliothèque, *voir* : Arsenal, Nationale.
Bièvre, *rivière*, 10, 39, 40, 41.
Blayes, 19.
Boniface VIII, 21.
Bourdin, *président*, xii.
Bourgogne, 26.
Brésil, vii. viii. ix, xiii. xvii

Brésiliens, XVII, XVIII.
Briçonnet (Guillaume), cardinal, abbé, 7.
Brunet, Manuel du libraire, x.
Buglosse antarctique, xx.

Catharinaire, herbe, xx.
Carpini (Jean de Plano), 11.
Cartier (Jacques), XIX.
Cécrops, 18.
César (Auguste), 23.
— (Jules), 1, 6, 8, 10, 11.
— (Commentaires de), 6.
Champenois, 24.
Chapelle (sainte), 19.
Charenton, village, XXIII, 26.
— (pont de), XXIII, XXIV.
Cléry (Notre-Dame de), 31.
Clodion, 30.
Clodius (Albinus), 11.
Clogio, 30.
Clovis, roi, 3, 15.
Cluny, hôtel, 10.
Charles V, roi, 15, 32.
Charles VI, roi, 14, 15, 21.
Charles IX, roi, XIII, XIX, 23.
Charles le Quint, empereur, 12, 23.
Charlemagne, 1, 15, 19, 24, 34.
Chastelet, grand, 2, 25.
— petit, 15.
Cheliée, 17.
Childebert, roi, 3.
Childéric, 25.
Collection des anciennes Descriptions de Paris, 7.
Colletet (Guillaume), XXI.
Coligny, amiral, VI.
Colomb (Christophe), XIX.
Conflans, XXIII, 13.
Cordeliers, V, XIV, XV, XVII.
Corrozet (Gilles), fleur des antiquités de Paris, 4, 5, 8.

Cosmographie du Levant, VI, XIII, XXI, 6.
— moscovite, XXII.
— universelle, I, XI, XVI, XXI, XXII, XXIV, 5.
Cousin (Jean), x, XXIII.
— (Étude sur), voir : Didot.
Cozaba, plante, XVII.

Dagobert, 29.
Damase, pape, 30.
Dammartin, 34.
Dauphiné, 20.
David, 31.
Denis (Ferdinand), IV, V, XVII.
Description de plusieurs îles, XXII.
— de la Gaule, XXII.
— de Paris, 1, XXII.
De Thou, XIV, XV, XVII, XIX.
Didot, A. F., x.
Dieppe, XVII.
Discours sur la bataille de Dreux, XXI.
Domitien, 28, 29.
Dorat (Jean), XII.
Dreux (bataille de), XXI.
Dreux, voir : Discours.

Ecosse, 21.
Égypte, 7, 8, 11, 20, 23, 28.
— pyramides, 15.
— reine, 7.
Égyptien, 26.
Édouard, roi d'Angleterre, 19.
Enguerrand, comte de Longueville, 13, 22.
Espagne, 4, 10, 25, 30.
Espagnol, 30.
Éthiopiens, 7.
Études économiques sur l'Amérique méridionale, IV.

Europe, ix, 13, 31, 38.
Évreux (*hôtel d'*), 15.
Ézéchias, 18.

Fécamp, xvii.
Flandre, xvi.
Fleur des antiquités de Paris, *voir :* Corrozet.
Fovée, *île*, xxiii.
Français, ix.
France, viii, ix, xii, xvi, xix, xx, 5, 10, 17, 19, 21, 30, 31, 36, 37.
— *antarctique*, iv, ix, x, xi, xii, xviii, xxi.
— (*collège de*), xii.
— (*isle de*), 34, 35.
— *nouvelle*, viii.
— Histoire de France, *voir :* De Thun.
François Ier, *roi*, 2, 12, 13, 23, 24, 32, 33.
François II, *roi*, 22, 23.
Fumée, xiv.

Gaffarel, iv, ix, xxi.
Galitzin (*prince*), *cosmographie moscovite*, xxii.
Galles (*prince de*), 33.
Gardes des singulariteζ et curiositeζ du roy, xiii, xvii.
Gaule, 21, 30.
— (*description de la*), xxii.
Gaulois, *peuples*, 9.
— *roi*, 5.
Gazeau (*Guillaume*), xiii, xxi.
Génebrard (*Gilbert*), xii.
Gentilly, 25.
Géta, 28.
Gueules, *couleur rouge*, 7.
Gindy, 17.

Goths, 18.
Goulismum, 7.
Grèce, vi, 5, 8, 11.
Grecs, 4, 18, 23, 27.
Grégoire de Tours, 9
— IX, *pape*, 20.
Grève, 26.
Guise (*hôtel de*), 16.
Gul, couleur rouge, 7.
Gymnosophistes, 23.
Gyrovages, moines, v.

Haïti, xvii.
Halles de Paris, 32.
Henri II, *roi de France*, xiii.
Henri VI, *roi d'Angleterre*, 32.
Herbe à la reine, xx.
— *angoulmoisine*, xvi, xvii, xviii.
— *de M. le prieur*, xx.
— *estrange*, xviii.
— *sainte*, xix.
Héraclius, 20.
Hercules, 4.
Hiskia, 18.
Histoire des plus illustres et savants hommes de leurs siècles, xxi.
Hœfer, *docteur*, iv.
Hôtels, *voir :* Cluny, Évreux, Guise, Meudon.
Hugues, *duc de Bourgogne*, 20.
Humboldt, xx.

Iasiel, 24.
Iasimothezel, 20.
Indes *australes et occidentales*, xxii.
— *orientales (voyage aux)*, 8.
— (*description des*), xxii.
Indiens, 23.

4

Innocent III, 24.
Insulaire (grand), xxii.
Isabelle, *reine*, 19.
Isis, 7.
Isiacense fiscum, 4.
Italie, 5.
Itinéraire de Benjamin de Tudèle, xxii.

Java, *île*, 7.
Javienne, *langue*, 6.
Jean, *roi* de France, 13.
— *sans Terre*, 34.
— *des Marets*, 14.
Jérusalem, 20, 31.
Jodelle (*Étienne*), xii.
Juda, 31.
Juda (*rois de*), 31.
Judée, 18.
Juifs, 17, 30.
Julien *l'Apostat*, 1, 9, 10, 28.
Jupiter *le Juste*, 7.
Jusquiame du Pérou, xx.

Knobelsdorf, 5.

Lacroix (*Paul*), *bibliophile Jacob*, 4.
Lacustre (station), 8.
La Harpe, *rue*, 10.
Languedoc, 20.
La Porte (*Ambroise-Maurice de*), x, xxi.
La Rochemaillet, 32.
Lefevre (*Guy*) de la Borderie, xii.
Le Maire (*Jehan*), 7.
Léry, xiv.
L'Étoile (*Pierre de*), xv.
Lettre sur l'introduction du tabac en France, *voir* : Denis (*Ferdinand*).
Leucotèce, 1, 3, 5, 9.
Leucotelia, 4.
Lhéritier (*Catherine*), x.
L'Huillier (*Pierre*), *imprimeur* xi, xxi.
Locotilia, 4.
Locus Titiæ, 4.
Lombard (*Pierre*), *son évitaphe*, 1, 18.
Longueville (*duc de*), 22, 33.
Longus, 24.
Louans, 10, 39.
Louis de Bourbon (*connétable*), 33.
Louis VI *le Gros*, 18.
Louis IX, 11, 20, 22, 24.
Louis X *le Hutin*, 22, 30.
Louis XI, 31.
Louis XII, 32.
Louvre, *palais*, 2.
Lorraine (*cardinal de*), vi, vii, xii.
— (*François de*), xx.
Lucius, *pape*, 20.
Lucques, 20.
Lutèce, 4, 8.
Lutetia Parisiorum, 4, 8.
Lyon, xiii, xvi, xxi, 37.

Macédoniens, 17.
Madrid, *château*, 32.
Mahek, 20.
Malte (*île de*), vii.
— (*ordre de*), vii.
Mamelus, 20.
Manche, 1.
Mandeville (*Jean de*), 11.
Manuel du libraire, *voir* : Brunet.
Moranne, 30.

Marc ((*Antonin*), 25.
Marcel (*Étienne*), 13.
Marne, *rivière*, XXIII, 2, 25, 26, 27.
Marolles (*Michel de*), 26.
Masdion, *abbaye*, XIII.
Maubert, *place*, 26.
Médicis (*Catherine de*), XIII, XX.
Médicée, XX.
Meldahel, 20.
Melun, 1, 5, 6, 37.
Mercure, XXIII, 26, 28.
— (*montagne de*), 2, 29.
Mérovingienne (*époque*), 3, 8.
Méru (*le sieur de*), 34.
Meudon (*hôtel de*), 15.
— *village*, 32.
Michel de la Rochemaillet, *théâtre de Paris*, 7.
Misopogon, 9.
Monstres, 2, 36, 37.
Montagne des Martyrs, 29.
Montmartre, 29, 30.
Montmélian, 34.
Montmorency (*Aimé de*), *connétable de France*, 2, 32, 33, 34.
— *château*, 33.

Naples, 33.
Nationale (*bibliothèque*), XXII, XXIV.
Navarre, 30.
Nicot (*Jean*), sieur de Villemain, XII, XVI, XIX.
Nicotiane, XX.
Nil, 26.
Norandin, 20.
Notice biographique, voir : Gaffarel.
Notre-Dame de Paris, XXIII. XXIV, 1, 19.

Nouvelle biographie générale, voir : Hœfer.

Odofredus, 24.
Odric de Foro (*Julii*), 11.
Orient, VI.
Osiris, 7.
Osnacheparis, 6.
Oviédo, XIX.
Oziel, 2, 30.

Pharamond, 21, 30, 32.
Palais-Royal, 1, 21.
Papillon, *famille*, X.
Pâris, *fils de* Priam, 5.
Paris, *en général*, III, IX, X, XV, XVI, XXI, XXII, XXIII, XXIV, 1, 2, 3, 4, 6, 7, 8, 9, 10, 11, 12, 15, 16, 19, 23, 25, 26, 28, 29, 30, 31, 32, 35, 36.
— (*antiquités de*), 25.
— (*description de*), 1, XXII, 7.
— (*divisions de*) en : *cité*, 1, 14, 16.
— *université*, 1, 15, 16, 23, 24.
— *ville*, 1, 16.
— (*conciles de*), 1.
— (*épitaphier de*), XV.
— (*île de*), 21.
— (*rues de*), 1, 32.
— *station lacustre*, 8
— (*théâtre de*), 7.
Parisiens, XVI, XXIII, 4, 5, 9, 15, 27.
Parisis, 12.
Par-Isis, 5.
Parrasiens, 4, 8.
Parlement, 1, 21, 22, 23, 35.
Parsis, 6.
Pays-Bas, 21.

Pavie, 33.
Pepin *le Bref*, 22.
Perdica, 17.
Perdiccas, 17.
Pérou, xx.
Petun ou *pety'n*, xvi, xviii, xix.
Philippe, *archidiacre*, 18.
Philippe I, 14.
Philippe II (*Auguste*), 17, 19, 24, 32, 34.
Philippe IV *le Bel*, 20, 21, 22.
Philippe V *le Long*, 29.
Philippe VI *de Valois*, xxiii, xxiv, 18.
Pilotage, xxii.
Plâtre (usage du), xxiii, 2, 4, 29.
Plaisance, vi.
Plantin (*Christophe*), ix, xxi.
Plantinienne (*édition*), x.
Polo (*Marco*), 11.
Prévost de Paris, 15.
— *des marchands*, 13.
Priam, 5.
Provence, 20.

Quicherat, *critique de deux chartes*, 4.
Richard, *duc d'Aquitaine*, 20.
Richard (*Jean*), xxi.
Relations de deux voyages, xxii.
Raban, 15.
Rabelais, iv.
Robert, 24.
Roland, 19.
Romanus, 20.
Romains, 9, 11, 23, 26, 30.
Rome, 5, 23, 33.
Ronsard, xii, xiii.
Rouen, 13.
Rubriques, 11.

Ruysbroeck, 11.
Russie, xxii.

S. Antoine, *bourg*, 15, 32.
— *forteresse*, 15.
— *rue*, 15, 30, 31.
S. Barthélemy (*massacre de la*), 14.
S. Denys *Aréopagite*, *Apôtre des Gaules*, 17, 28, 29, 31.
— *bataille*, 32.
— *porte*, 9.
— *ville*, 2, 29.
S. Étienne-du-Mont, 36.
S. François (*ordre de*), v, xiv.
S. Germain-des-Prés, *abbaye*, 3, 4, 7.
— *en-Laye*, 32.
— *évêque*, 18.
— (*idole de*), 7.
S. Honoré, *bourg*, 32.
— *rue*, 37.
S. Jacques, *rue*, xi.
S. Landry, *évêque*, 18.
S. Laurent, *bourg*, 9.
S. Loys, voir : Louis IX.
S. Marcel, *évêque*, 18.
— *bourg*, 15, 19.
S. Martin-des-Champs, 32.
S. Michel, *pont*, 15.
S. Paul, *église*, 15.
S. Pierre S. Paul, *église*, 15.
S. Vincent, *diacre*, 3.
Ste Catherine-du-Val, 15.
Ste-Geneviève, *église*, 25.
— *vierge*, 15.
Saintonge, xiii.
Saladin, 20.
Saladines, dîmes, 20.
Sarigue, 7.
Savoie, 34.

Saxo grammaticus, 24.
Sébastien, *roi de Portugal*, XIX.
Seine, *fleuve*, XXIII, 2, 4, 6, 10, 25, 26, 27.
Sénonois, 6.
Sens (*archevêque de*), XII.
Septimius *Severus*, 11.
Singularitez, voir : France antarctique.
Sorbonne, *collège*, 24.
Sully (*Maurice de*), 17.

Tabac, IX, XII, XVI, XVII, XIX.
Tartarie (*kan de*), 11.
Terre-Sainte, VI.
Temple, *enclos*, XVI.
— *forteresse*, 15, 30, 31.
— (*rue vieille du*), 15.
Templiers, 20.
Thèbes, 8.
Thébains, 23.
Thermes, 25.
Thevet (*André*), I, II, III, IV, V, VI, VII, IX, XI, XII, XIII, XIV, XV, XVI, XVII, XVIII, XIX, XX, XXI, XXII, XXIII, 4, 5, 7, 8, 11, 28, 30, 35, 39.
— (*ouvrages de*), XXI.
— (*portrait de*), au frontispice.

Thoré (*le sieur de*), 34.
Tibre, 26.
Titiæ *locus*, 3.
Toulouse, 20.
Tournes (*Jean de*), XIII, XXI.
Traité historique et pratique de la gravure, X.
Trésors (*invention de*), 2.
Tudèle (*Benjamin de*), Itinéraire, XXII.
Turcs, VI, 12.

Valois (*Philippe de*), voir : Philippe VI.
Vexin, 34.
Vico, XVIII.
Villegagnon (*le chevalier de*), VII, XVII.
Villemain (*sieur de*), voir : Nicot.
Villiers de l'Isle-Adam, VI, VIII.
Vincennes (*bois de*), XXIII, 2, 32.
— (*château de*), XXIII.
Vincestre, *cardinal*, 32.
Voyages (*relation de deux*), XXII.
— second, XXII.
Vrais portraits et vies des hommes illustres, XXI.

FIN DE LA TABLE ALPHABÉTIQUE.

COLLECTION

DES

ANCIENNES DESCRIPTIONS DE PARIS

VOLUMES PARUS

I. — ISAAC DE BOURGES. — Description des monuments de Paris. xviie siècle. Texte inédit. Avec planches.

II. — ANTOINE DU MONT-ROYAL. — Glorieuses Antiquités de Paris. 1678. 10 gravures. D'après l'exemplaire unique de la Bibliothèque de l'Arsenal.

III. — MAROLLES (L'ABBÉ DE). — Paris, ou Description succincte de cette grande ville. 1677. Portrait.

IV. — MICHEL DE LA ROCHEMAILLET. — Théâtre de la Ville de Paris. xviie siècle. Texte inédit. Frontispice d'après Léonard Gaultier.

POUR PARAITRE PROCHAINEMENT :

CHOLET (ÉTIENNE). — Remarques singulières de Paris. 1614. D'après l'exemplaire unique de la Bibliothèque nationale. Carte.

BELLEFOREST (FRANÇOIS DE). — L'ancienne et grande Cité de Paris. 1572. Carte.

Etc., etc.